목사의 기도

찰스 스펄전

목사의 기도
The Pastor in Prayer

발행일	2017년 11월 15일 초판
	2017년 11월 15일 전자책

지은이	찰스 스펄전 (Charles H. Spurgeon)
옮긴이	정시용

발행인	정시용
발행처	프리스브러리
전자 우편	info@prisbrary.com
홈페이지	www.prisbrary.com

Copyright (C) 프리스브러리, 2017, Printed in Korea.
ISBN 978-89-6774-035-1 (03230)

이 도서의 국립중앙도서관 출판예정도서목록(CIP)은 서지정보유통지원시스템 홈페이지(http://seoji.nl.go.kr)와 국가자료공동목록시스템(http://www.nl.go.kr/kolisnet) 에서 이용하실 수 있습니다. (CIP제어번호 : CIP2017028246)

이 책의 성경 구절은 보다 정확한 내용 전달을 위해 원문에 사용된 성경 구절을 직접 번역하여 실었습니다.

차례

제1장_**주님의 옷을 만짐** ································· 5

제2장_**범죄자를 위해 탄원하시는 예수님** ················ 12

제3장_**하나님의 생각과 길** ··························· 19

제4장_**부르짖는 기도** ······························· 26

제5장_**구원의 날** ································· 32

제6장_**무덤 앞에 앉은 마리아** ························ 37

제7장_**안식을 누리지 못하는 이유** ····················· 42

제8장_**죄를 정복하기** ······························ 50

제9장_**마음으로 드리는 진정한 기도** ··················· 58

제10장_**구별됨** ··································· 65

제11장_**굳게 붙들라** ··· 72

제12장_**믿고 기도하라** ·· 80

제13장_**왕과 제사장** ··· 86

제14장_**하나님을 신뢰하지 않는 죄** ······························ 92

제15장_**발을 씻기심** ··· 98

제16장_**그리스도를 바라봄** ·· 104

제17장_**거짓의 피난처** ·· 110

제18장_**하나님의 원수** ·· 116

제19장_**그리스도와 함께 부활함** ·································· 121

제20장_**성도를 위한 간구** ·· 127

제21장_**사형 선고** ·· 133

제22장_**다른 사람을 위한 기도** ··································· 139

제23장_**예수님이 사랑한 제자** ···································· 146

제24장_**값없이 주신 은혜** ·· 152

제25장_**저녁 기도** ·· 158

제26장_**하나님의 사랑** ·· 164

주님의 옷을 만짐

내가 이분의 옷만 만져도 온전해질 것이다. (막 5:28)

위대하신 여호와 하나님, 주님은 스스로 계시는 분입니다. 모든 것이 주님에게서 비롯되었음을 저희가 기쁜 마음으로 인정하며 고백합니다. 저희는 스스로 만들어지지 않았으며 오직 주님께서 저희를 만드셨고, 지금 숨을 쉬고 있는 것도 주님의 권능에 의한 것입니다. 저희의 삶, 행복, 발전, 성숙 및 존재 자체가 온전히 주님 손에 달려 있습니다. 저희를 에워싼 은혜와 눈에 보이는 기쁨과 귀에 들리는 즐거움과 삶을 유지하게 하는 모든 것으로 인해 주님께 감사드립니다. 그중에서도 특별히 영적인 문제에 관해 저희는 전적으로 주님께 의존할 수밖에 없습니다. 오 하나님, 저희는 영의 세계에서 아무것도 할 수 없는 존재입니다. 영적인 일을 알면 알수록 우리의 능력을 훨씬 벗어난 것임을 절실히 느끼게 됩니다. 심지어 저희에게 은혜가 필요하다는 사실을 깨닫는 것조차 주님의 은혜가 없으면 불가능한 일입니다. 주님께서 우리의 죄악을 드러내 주시지 않으면, 저희는 결코 자신의 죄를 고백하지 않을 것입니다. 저희는 자신의 죄를 마주 보고도 교만함 때문에 그것을 부인하며, 또한 자신의 무능력을 인지하지도 못합니다. 주님께서 저희의 무능력을 깨닫게 해주시지 않으면, 저희는 주님께서 베풀어주신 것을 마치 스스로 행한 것처럼 여길 것입니다.

주님, 이제 모든 선한 것이 주님에게서 나오며, 저희는 그것을 예수 그리스도를 통해 성령님께 받는다는 사실을 인정합니다. 그리고 무엇보다 저희의 많은 죄를 고백하며 주님께 겸손히 나아갑니다. 저희는 너무도 많은 죄를 지었으며 주님께서 은혜로 구원해주시기 전까지 절망 속에서 살았습니다. 저희에게 참회의 기회를 주셔서 감사합니다. 저희의 비천한 처지를 깨닫게 하여 주님 앞에 자신을 더욱 낮추게 하여주소서. 저희의 죄악이 얼마나 잔혹한지 깊이 느끼고 애통하게 하여주소서. 오 하나님, 오직 주님만이 저희에게 부드러운 마음을 주실 수 있습니다. 저희의 마음은 천성적으로 돌처럼 단단하며 교만과 자기의로 가득합니다.

여기 모인 모든 이들이 죄를 진심으로 뉘우치고 고백하게 하여주소서. 어떠한 공로를 내세우거나 변명거리를 늘어놓지 않게 하여주소서. 주님, 저희는 예수님과 함께 식사를 나누었던 세리와 죄인의 무리처럼 이곳에 나아왔습니다. 임마누엘의 하나님, 저희를 고쳐주소서! 저희에게는 주님의 치유가 필요합니다. 선한 의사이신 주님, 치료하는 주님의 능력을 저희에게 나타내주소서! 저희 중 많은 이가 예수님을 바라보고 빛을 얻었지만, 이런 믿음조차 하나님의 선물임을 고백합니다. 하나님께서 저희 눈의 두꺼운 비늘을 제거해주시고 천상의 빛을 비춰주시지 않았다면 저희는 결코 십자가를 바라보지 않았을 것입니다.

저희의 믿음은 저희에게 생명을 주신 하나님께서 선물로 주신 것입니다. 이제 저희에게 더 큰 믿음을 주시길 간절히 바랍니다. 주님이 주신 이 믿음을 지켜주시고 더욱 굳건하게 하여주소서. 스스로를 의지하려는 것에서 벗어나 개일 어린아이처럼 주님을 믿고 따르며 살게 하여주소서. 오 주님, 저희에게는 아직 믿음이 더 필요합니다. 지극히 높으시고 모든 것이 충만하신 하나님, 주님을 더욱 신뢰하기 원합니다. 신성한 위로자이신 성령님, 이제 저희를 믿음으로 충만하게 하여주소서. 이 믿음을 부어주소서. 저희로 하여금 이 믿음이 없는 것을 부끄럽고 죄스럽게 여기도록 하여주소서. 진실하고 전능하고 신실하신 하나님을 항상 의심했던 것을 고백합니다. 저희로 하여금 다시 같은 죄를 짓지 않고 그것을 피하도록 도와주소서.

주님, 오늘 아침 저희가 주님께 드리는 모든 것을 기쁘게 받아주시기를 원합니다. 주께서 행하신 일로 인해 사랑과 감사와 믿음과 소망과 기쁨으로 가득한 저희의 마음을 주님께 드립니다. 저희는 주님 안에서 참으로 기쁩니다. 그런데 저희가 드리는 것 중에서 주님께 용납될 만한 것은 모두 주님이 저희에게 주신 것임을 고백합니다. 주님이 주시지 않았다면 저희 안에 있는 어떤 것도 칭찬받을 만한 것이 없습니다. 저희가 지닌 모든 덕과 저희가 얻은 모든 승리와 저희의 모든 거룩한 생각은 오직 위대하신 하나님의 것입니다. 저희가 주님 발 앞에 드리는 열매는 모두 주님의 정원에서 난 것이며, 저희가 드리는 금과 은과 향은 모두 주님께서 저희에게 주신 것입니다!

결코 식지 않는 열정으로 구세주를 사랑하고, 결코 흔들리지 않는 신뢰로 하나님을 믿으며, 결코 사그라지지 않는 기대감으로 하나님을 소망하고, 결코 멈추지 않는 즐거움으로 하나님을 기뻐하며, 모든 힘을 다해 하나님께 영광 돌리는 삶을 살게 하여주소서! 모든 것을 뜻대로 이루시는 하나님께 사로잡혀 타오르는 열정을 지니고 살게 하여주소서! 저희는 주님께 기도와 찬양을 드리는 동시에 하나님께서 값없이 베풀어주신 주권적인 은혜를 높이길 원합니다. 하나님의 영원한 선택과 십자가의 속량과 효력 있는 부르심에 대한 저희의 찬양이 향기로운 제단의 연기처럼 하늘로 올라가길 원합니다. 영광과 명예와 존귀와 권세와 통치와 능력이 영원토록 오직 하나님 한 분께 있을 것이며, 주님의 보혈로 속죄받은 모든 자는 아멘으로 화답할 것입니다.

이 시간 주님께 간청하오니, 저희의 교회 위에 부흥을 내려주소서. 날마다 성도의 수를 더하여 주시고, 사랑으로 함께 연합되게 하여주소서. 교회의 죄를 용서해주시고, 저희에게 자비를 베풀어주소서. 저희의 최선을 다한 섬김을 받아주소서. 저희를 주님께서 사용하시기에 합당한 그릇으로 빚으시고 각자 감당할 수 있는 분량에 따라 사용해주소서. 각 교회가 하는 사역을 축복해주시고 그들이 모두 부흥하게 하여주소서. 특별히 주일 학교에 은혜의 이슬을 내려주시고, 이 교회뿐 아니라 멀리 떨어진 교회 및 전 세계의 주일 학교에 은혜의 비를 내려주셔서 모두 풍성한 열매를 맺게 하여주소서.

오 하나님, 저희의 신학교를 축복하여 주소서. 그곳에서 배출된 모든 형제에게 능력의 옷을 입혀주시고 이 교회에서 자란 많은 아들이 이 시대에 강력한 설교를 전할 수 있게 하여주소서. 다양한 목소리로 그리스도의 이름을 선포하는 것은 상상만 해도 저희에게 큰 기쁨이 됩니다. 교회를 축복하여 주셔서 원수를 대적할 때 그것의 화살통이 가득 차게 하여주소서. 여호와께서 집을 세우시지 않으면 짓는 자의 수고가 헛되오니 교회의 모든 사역에 주님께서 복을 내려주옵소서. 저희 고아원의 사랑스러운 아이들을 축복하여 주소서. 많은 아이가 회심한 것으로 인해 주님께 감사드립니다. 그들이 모두 하나님의 자녀가 되게 하여주시고, 주님께서 데려가실 때를 준비하게 하여주소서. 그들의 삶을 지켜주시고 그들이 세상을 떠날 때 아버지의 품에 안길 수 있게 하여주소서. 저희가 하는 모든 사역에 복을 내려주시고, 미력하지만 저희의 일손을 통해 주님께서 역사해 주옵소서.

저희의 사역자들이 여러 집을 돌아다니며 예수님의 말씀을 전할 때 은혜로 그들과 함께하여 주소서. 저희 모두를 축복해주시고, 오직 주님을 더욱 알고 주님께 영광 돌리는 것을 인생의 유일한 목표로 삼게 하여주소서. 주님을 위해서라면 죽음조차 기쁨으로 받아들이며 즐거운 마음으로 사역할 것입니다. 하지만 저희뿐 아니라 예수님을 위해 일하는 모든 사역자, 특히 해외에 나가 있는 자들과 믿지 않는 가정에 있는 자들에게 함께하여 주소서. 멀리 있는 교회나 가까이 있는 교회나 모두 축복하여 주시고, 특별히 대서양 너머에 있는 우리와 같은 언어를 쓰는 나라의 많은 교회를 축복하여 주옵소서. 주님의 모든 백성의 무리를 부흥시켜 주실 것을 믿습니다. 주님의 나라가 임하옵소서! 저희가 많은 불신자를 위해 기도하는 중이오니 그들이 죄에서 벗어나 돌아오게 하여주소서. 그들을 소생시켜 주소서. 또한, 이 자리에 야이로의 딸처럼 죄 안에서 죽어 있는 자들이 있다면, 주님께서 손을 뻗어 그들을 일으켜주시옵소서. 저희의 친척 중에 구원받지 못한 자가 있다면, 주님, 그들을 구원해주소서. 저희의 이웃과 이 도시를 구원해주시고, 전 세계에 주님의 나라가 임하게 하여주소서. 하나님의 독생자이며 다윗의 자손인 예수님의 영향 아래 모든 민족이 하나가 되게 하여주소서. 오 주 예수님, 속히 오시옵소서. 아멘.

범죄자를 위해 탄원하시는 예수님

> 그는 많은 자의 죄를 지고, 범죄자를 위해 탄원하셨다. (사 53:12)

은혜로우신 하나님, 예수 그리스도 우리 주를 통해 보이신 하나님의 놀라운 사랑으로 인해 저희가 전심으로 주님을 찬양합니다. 저희는 날마다 그리스도의 고난을 묵상합니다. 이는 저희의 소망이 그리스도의 죽음에 놓여있기 때문입니다. 그럴 때마다 세상을 사랑하여 믿는 자마다 멸망치 않고 영생을 얻게 하려고 독생자를 보내주신 주님의 사랑에 놀라움을 금치 못합니다. 주님은 하나뿐인 아들을 이 땅에 보내어 인간의 형체를 입게 하셨고, 사람들에게 멸시와 거절을 당하게 하셨으며, 많은 자의 죄를 지고 범죄자 중 하나로 헤아림 받게 하셨고, 흉악범을 사형시킬 때 사용되는 십자가에 매달리게 하셨습니다. 이것은 모든 믿음을 초월하는 일이며, 옛 선지자들의 예언이 없었다면 저희는 상상조차 할 수 없었을 것입니다. 심지어 그런 상상을 하는 것조차도 신성모독처럼 여겨졌을 것입니다. 그런데도 주님은 그것을 실행하셨습니다. 주님의 사랑은 너무도 크셔서 반역자인 저희를 위해 독생자를 아끼지 않으실 정도였습니다. 오 하나님, 주님께서는 저희에게 이런 사랑을 베풀어주셨는데 저희의 사랑은 그것에 훨씬 못 미치는 것을 생각하면 마음이 답답해집니다. 저희의 마음이 돌처럼 단단하지 않았다면 주님을 더욱 사랑했을 것이며, 저희를 향한 주님의 사랑을 묵상하는데 더욱 전념했을 것입니다. 주님의 사랑은 저희의 마음 문을 여는 만능열쇠입니다. 때로는 그리스도께서 저희를 위해 죽으신 일에 대해 듣고 말하면서도 아무런 감정을 느끼지 못했던 것을 회개합니다. 그리스도에 대한 이야기는 아무리 많이 들어도 결코 질리지 않습니다. 그리스도의 죽음에 대해 들을 때면 저희 마음은 여전히 두근거립니다. 하지만 이 두근거림이 기대한 것보다 크지 않을 때가 많습니다. 저희에게 더욱 부드러운 마음을 주셔서 저희의 죄악이 죽어 없어질 만큼 예수님의 아픔을 느끼게 하여주소서. 저희를 향한 예수님의 깊은 사랑과 연민을 느끼게 하여주소서.

하나님 아버지, 저희에게 예수님을 선물로 주신 놀라운 사랑으로 인해 주님을 찬양합니다. 또한, 저희를 위해 목숨을 내어놓으신 예수님을 찬양합니다. 그리고 저희에게 이 신비를 알려주시고 예수님을 믿을 수 있게 해주신 성령님을 찬양합니다. 이 아침에 저희는 아브라함과 이삭과 야곱의 하나님을 온전히 높입니다. 저희는 옛 이스라엘 족장들보다 하나님을 더욱 명확히 볼 수 있습니다. 이는 육신의 눈으로도 볼 수 있도록 하나님께서 예수 그리스도를 통해 나타나셨기 때문입니다.

위대하신 하나님, 이 시간 주님께 기도하오니, 주님의 귀하신 독생자께서 감내하셨던 고난이 저희 안에서 열매를 맺게 하여주소서. 저희 모두가 죄를 회개하고 하나님을 믿으며 예수님의 이름을 고백함으로써 그리스도께서 받으신 고난의 보상을 충분히 받을 수 있게 하여주소서. 혹시라도 오늘 아침 저희 중에 여전히 그리스도를 죽음에 이르게 한 죄에 빠져 있는 자가 있지는 않은지 두렵습니다. 아니면 여전히 자기 의를 신뢰하며 그리스도의 의를 불필요한 것으로 만드는 자가 있지는 않은지 두렵습니다. 오 하나님, 그런 자들이 모두 자신의 잘못된 믿음에서 벗어나 오직 귀하신 독생자의 희생에만 온전히 의지하게 하여주소서. 이곳에 있는 자 중에서 한 사람도 그리스도의 공로에 무감각하거나 그들을 깨끗이 씻기는 보혈의 능력에 무관심하는 자가 없도록 하여주소서. 이곳에 모인 수천 명의 성도가 모두 예수 그리스도를 전심으로 믿고 영생을 얻으며 예수님께 속한 자가 되게 하여주소서.

또한, 이미 그리스도를 믿는 자들도 동일한 기도를 올려드립니다. 저희의 주인이며 구원자 되시는 주님, 오셔서 저희를 온전히 소유하여 주시옵소서. 주님께서 값을 주고 사신 저희를 주님의 사랑의 팔로 붙들어주시고 저희의 고집스러운 영을 사로잡아 주소서. 오셔서 저희의 전리품을 취하소서. 저희의 모든 것을 차지하고 사용하고 지배하고 거룩하게 하여주소서. 저희의 모든 시간과 호흡이 오직 주님의 영광을 위해 쓰이게 하여주소서. 우리의 본성 중에는 아직도 주님께 정복되지 않은 부분이 남아있습니다. 주님께 간청하오니, 저희 영혼을 정복하고 지배하여 남아있는 부패함을 온전히 제거하여주소서. 저희 영혼에 주님의 영원한 보좌를 세워주소서. 저희 마음이 모든 피조물에서 관심을 돌려 오직 주님만을 사랑하게 하여주소서.

주님께 전심으로 기도하오니, 구속주께서 저희를 위해 하셨던 복된 기도가 저희의 삶을 통해 드러나게 하여주소서. 저희의 가정을 거룩하게 하여주소서. 저희의 출입 가운데 그리스도의 이름과 성품이 온전히 나타나게 하여주소서. 저희가 일할 때, 마치 그리스도께서 저희에게 행하셨던 것처럼 동료들에게 행할 수 있도록 도와주소서. 저희가 홀로 기도할 때 힘을 더하여 주시고, 사람들과 함께 있을 때 말과 행실에 실수가 없도록 지켜주소서. 그리고 무엇보다 저희 마음을 사랑의 띠로 묶어주소서. 주님, 저희를 붙드시고 홀로 내버려 두지 마옵소서. 이곳에 모인 성도들이 주님에 대한 충성심을 저버리지 않도록 도와주소서. 세상 군주가 은으로 된 홀로 부하들을 지배하는 것보다, 그리스도께서 그분의 귀한 상처로 저희를 지배하는 것이 더 크도록 하여주소서. 주님께서 저희를 위해 식초에 탄 쓸개를 마신 것처럼, 저희도 우리에게 주어진 어떠한 잔이라도 기쁨으로 마시게 하여주소서. 구세주시여, 간절히 바라오니, 저희를 온전히 통치하여 주소서. 이곳에 모인 믿는 자들이 사랑하는 주님에 대한 순결을 깨드리지 않게 하여주소서. 오 예수님, 주님에 대한 사랑이 더욱 강렬해져서 다른 것에 대한 사랑을 모두 집어삼키게 하여주소서. 전적으로 그리스도의 소유가 되게 하여주소서! 마음속 깊이 숨어있는 마귀를 모두 쫓아내고 모든 죄를 혐오하며 오직 순결하고 거룩한 것만 소망하게 하소서. 오 하나님, 성전의 장사꾼을 쫓아내신 것처럼 저희에게도 채찍을 휘둘러주시고 주님의 보혈로 정결하게 하여주소서. 이 시간 저희가 속한 교회를 주님의 은혜로 축복해주소서.

이 자리에 있는 저희에게 기도의 능력을 알게 하여주시고, 특별히 간구하는 영을 강하게 부어주소서. 저희로 하여금 살아가는 동안 항상 하나님의 영광을 위해 간구하게 하여주소서. 하나님의 영광을 더욱 간절히 바라게 하여주시고, 교회의 모든 성도가 주님에 대한 의무를 깨닫고 단결하며 주님께 향기로운 기도를 올려드리게 하여주소서.

주님, 저희의 친구 중에서 아직 구원받지 못한 자를 회심시켜 주옵소서. 전능하신 하나님, 이곳에 모인 자 중에 한 사람도 헛되이 돌아가지 않게 하여주소서. 주님의 사역자들이 주일 학교에서든 거리에서든 숙소에서든 여러 집을 돌아다닐 때든 개인적으로 전도할 때든 언제나 하나님의 영께서 함께 하여주소서. 저희를 통해 주님이 친히 영광 받아주소서. 주님, 이곳에 임하셔서 온전히 주님께 드려진 모든 자에게 보혈의 표로 구별하여주옵소서. 그리하여 저희도 바울처럼 〈내가 몸에 주 예수님의 흔적을 지녔다〉라고 고백하게 하소서. 저희는 세례를 통해 세상에 대해서는 죽고 오직 그리스도에 대해서만 살게 되었습니다. 이제 저희가 살든지 죽든지 영원토록 주님께 영광 돌리게 하여주소서.

주님께서 모든 자를 위해 기도하라고 명하셨으므로, 이제 저희의 사랑하는 조국을 위해 기도합니다. 이 나라에 주님의 축복을 부어주소서. 이 나라의 통치자에게 날마다 주님의 자비를 내려주소서. 이 나라의 평화를 지켜주시고, 또한 다른 모든 나라도 평화롭게 하여주소서. 세상의 압제가 모두 무너지고 진리와 의가 승리하게 하여주소서. 적그리스도와 거짓 선지자의 세력이 산산이 조각나고 모든 우상은 무너지며, 오직 전능하신 여호와 하나님과 왕들의 왕이며 주들의 주이신 예수님께서 세상을 통치하여주소서. 이 모든 것을 그리스도의 이름으로 기도합니다. 아멘.

하나님의 생각과 길

여호와의 말씀이다. 〈내 생각은 너희 생각과 다르며, 내 길은 너희 길과 다르다. 하늘이 땅보다 높은 것처럼 내 길은 너희의 길보다 높으며 내 생각은 너희 생각보다 높다.〉(사 55:8~9)

지극히 높고 영광스러우신 하나님, 언제나 흔들림 없는 주님의 모습을 생각할 때 저희는 기쁨에 사로잡힙니다. 저희가 있는 이 아래 세상은 고통과 괴로움으로 가득하지만, 주님께서 계신 곳은 영원한 행복으로 충만하기 때문입니다. 주님의 계획은 어떠한 방해도 없이 온전히 성취될 것입니다. 주님의 뜻은 영원히 굳건하며, 주님의 능력은 한계가 없고, 주님의 선하심은 부족함이 없습니다. 주님은 혼란함 가운데 질서를 세우시며, 저희는 패할지라도 주님은 승리하십니다. 저희가 눈물로 심을 때 주님은 그것을 기쁨으로 거두게 하십니다. 지금은 비록 슬픔과 괴로움 속에 있지만 그래도 저희는 주님으로 인해 영원한 행복을 누립니다. 구름 위 보좌에 앉아계시며 지극히 높으신 주님께 영원무궁한 영광이 있을 것입니다. 저희 마음은 주님께서 통치하시는 기쁜 소식을 듣고 즐거워합니다. 이 세상에 주님의 나라가 임하게 하옵소서. 주님의 나라는 영원할 것입니다. 이 아침에 저희가 죄와 근심과 슬픔을 짊어지고 주님의 보좌로 나아오니 이제 저희의 짐을 벗겨주소서. 주님께서 저희를 돌보시는데 아직도 걱정에 사로잡혀 있는 저희를 용서해주소서. 주님을 믿어온 수십 년 동안 주님은 단 한 번도 신실함과 사랑을 저버리신 적이 없습니다. 그러므로 저희는 자신과 가족과 일과 영혼에 관한 모든 걱정을 전적으로 하나님께 맡깁니다. 또한, 예수님의 보혈이 뿌려진 것을 보시고 심판의 천사로 하여금 저희의 죄를 넘어가도록 해주신 것으로 인해 주님께 감사드립니다. 저희 또한 예수 그리스도의 피를 보고 안심하게 하여주소서. 이는 저희가 예수님을 믿을 때 주님께서 저희의 죄를 영원히 없애시기 때문입니다. 저희로 하여금 주님 앞에 나아가 주께서 주시는 안식을 누리게 하시며, 모든 이해력을 뛰어넘는 하나님의 평강이 그리스도 예수를 통해 저희의 마음과 생각을 지키게 하여주소서.

이 시간 저희에게는 주님의 도움을 청해야 할 짐이 너무도 많습니다. 저희를 도와주소서. 주위를 둘러보면 전부 복음의 교훈을 왜곡하려고 애쓰는 사람밖에 없습니다. 한때는 열매 맺지 못하는 나무를 찍었던 도끼가, 이제는 주님의 거룩한 세공품을 찍으며 주님의 진리를 훼손하고 있습니다. 우리 가운데 지혜롭다는 자들은 주께서 주신 말씀의 교훈을 대부분 부인합니다. 복음의 사역자인 척하는 자들이 가장 먼저 복음을 대적합니다. 그들은 복음을 비난하고, 하나님께서 더 이상 벌을 내리시지 않으니 마음대로 죄를 지으라고 가르치며, 예수 그리스도께서 하나님의 아들이 아니라고 선포합니다. 오 여호와 하나님, 저희는 자주 마음이 흔들려 떨어지려는 법궤를 저희 손으로 붙들려 할 때가 많습니다. 하지만 하나님께서 친히 손을 뻗어 붙드실 것을 저희가 압니다. 랍사게처럼 여호와를 모욕하는 자들의 말을 들었을 때 저희는 그것을 성소로 가져와 주님 앞에 내어놓습니다. (왕하 18:27) 오 여호와 우리 하나님, 주님과 그리스도와 진리의 복음을 공격하는 불신자들을 꾸짖어주소서.

또한, 주님의 자녀들에게 깊은 영성을 회복시켜주시길 간절히 바랍니다. 선한 목자이신 주님의 목소리를 듣고 따르게 하여주시고, 악한 목자의 낯선 목소리를 따라가지 않게 하여주소서. 그들은 가능하다면 택함 받은 자까지도 속이려 합니다. 주께서 택하신 자들이 그들의 속임수에 넘어가지 않으려면 오직 진리 안에 거하며 성령님의 능력으로 행하는 방법밖에 없습니다. 그러니 주님의 교회를 영적으로 부흥시켜 주옵소서! 주님을 아는 자들에게 영원한 진리를 믿는 믿음을 더하여 주시고, 알고 있는 진리를 뜨겁게 체험하게 해주소서. 또한, 저희로 하여금 조상들이 따랐던 천국에 이르는 선한 옛길을 부끄러워하지 않게 하여주소서. 그것을 옹호하며 사람들에게 조롱받는 것을 두려워하지 않게 하여주소서. 주님의 복음이 예전에는 유대인에게 걸림돌로 여겨지고 헬라인에게는 어리석은 것으로 여겨졌듯이, 지금은 미신을 따르는 자들에게 걸림돌로 여겨지고 세상의 지혜로운 자들에게는 어리석은 것으로 여겨집니다. 오 하나님, 그들이 어리석다고 여기는 복음을 통해 그들의 지식이 흐려지게 하소서. 그래서 그들이 하나님의 어리석은 것이 인간보다 지혜롭고, 하나님의 약한 것이 인간보다 강함을 깨닫게 하소서. 오 지극히 높으신 분의 아들이신 예수님, 저희는 진리가 능력이 있음을 압니다. 이는 예수님께서 진리의 근원이시기 때문입니다. 진리에 주님의 생명을 불어넣어 주소서. 목회자들이 선포하는 모든 말씀에 주님의 영이 함께 하시고, 태양이 뜨면 안개가 걷히고 바람이 불면 구름이 흩어지듯이 의의 태양이신 주님께서 빛나는 영광으로 나타나셔서 모든 오류와 의심이 사라지게 하여주소서.

또한, 이 시대에 경건함이 풍성해지도록 도와주소서. 지금 시대의 사람들은 더 이상 하나님을 찾지 않습니다. 수많은 자가 죄짓는 것을 즐거워합니다. 온 도시가 술 취한 사람으로 가득하고 사방에서 욕설이 난무합니다. 주님, 부디 이 나라에 주님의 진노를 퍼붓지 말아 주소서. 이 나라를 불쌍히 여겨주소서. 저희의 사악한 죄를 용서하시고 자비를 베풀어주소서. 이 나라가 져야 할 무거운 죗값에서 구원해주소서. 사랑하는 조국을 위해 간절히 기도하오니, 주님 저희를 도와주소서. 많은 사람이 어떠한 방식으로든 주님의 복음을 듣고 마음이 움직여 그리스도를 따르도록 하여주소서. 그들로 하여금 듣고 구원받게 하여주시고, 주님께서 영원한 언약을 통해 주신 독생자가 이 민족 가운데 영광 받도록 하여주소서. 모든 열방이 하나님의 그리스도를 알게 하여주소서. 아버지, 적진으로 용감히 침투한

소수의 용사를 도와주소서. 그들로 하여금 용맹스럽게 싸울 수 있도록 힘을 주소서. 선교지에 있는 그리스도의 선발대가 나날이 늘어나게 하여주시고, 그들에게 선한 마음과 자신감을 허락해주시며, 저희의 연약한 믿음이 바닥나기 전에 속히 승리의 날이 임하게 하여주소서.

주님, 저희에게 무거운 짐이 한 가지 더 있습니다. 저희가 주님을 마땅히 사랑해야 할 만큼 사랑하지 못하고 마음이 점차 식으며 의심과 불신이 밀려들고 죄를 지으며 하나님을 잊어버릴 때가 많은 것입니다. 오 주님, 저희를 도와주소서! 저희는 단지 용서받은 것만으로는 충분하지 않으며 거룩한 자가 되고 싶습니다. 저희 영혼 속에 자라는 가라지가 뿌리까지 뽑히게 하여주소서. 주님을 온전히 섬기기 원합니다. 저희의 모든 생각과 말하고 적는 모든 단어가 오직 주님을 위한 것이 되게 하여주소서. 저희로 하여금 구별된 삶을 살게 하여주소서. 오직 주님을 위한 삶만이 참된 삶이며, 다른 모든 것은 그저 헛될 뿐입니다. 저희 삶의 모든 행동이 주님께서 기뻐하시는 향기로운 제사로 드려지게 하소서. 이 아침에 저희를 새롭게 하여주소서. 주님께 더욱 가까이 나아가게 하여주소서. 오직 주님 앞에 있을 때만이 저희는 행복하고 거룩하고 경건하고 강해질 수 있습니다. 주님의 날개로 저희를 덮어주소서. 저희로 하여금 주님을 가까이 따르며 주님의 온기를 느끼고 오직 주님 곁에서만 누릴 수 있는 기쁨을 맛보게 하여주소서. 혹시 오늘 아침 주님 앞에 나아온 자 중에서 아직 구원받지 못한 사람이 있다면 이 시간 그를 구원해주소서. 지금 드리는 예배 가운데 그들의 귀가 열리고 마음이 움직여 자비가 풍성하신 하나님께 돌아오게 하여주소서. 오늘날 말씀을 전하는 모든 설교자와 주일학교와 청년부와 전도지를 나누어주는 자와 거리에서 설교하는 자와 강단에서 설교하는 자와 모든 형태의 거룩한 예배를 축복하여주소서. 주님의 백성이 드리는 기도와 찬양을 받아주옵소서. 병에 걸려 집에 누워있는 자들도 기억하여주시고, 힘들고 지치고 애통해 하는 자들에게 하나님의 위로를 허락해주소서. 이 시간 저희와 주님의 모든 택한 백성에게 축복을 내려주소서. 어둠이 물러가고 영원한 아침이 오게 하여주소서. 새벽이 밝아 어두운 그림자가 모두 사라질 때까지 주님만을 바라보게 하여주소서. 사랑하는 주님, 저희와 항상 함께하여주소서. 아멘.

부르짖는 기도

> 왕이 〈네가 무엇을 원하느냐〉라고 하셨으므로 나는 하늘의 하나님께 기도하고 왕께 말씀드렸다. (느 2:4)

오 여호와 우리 하나님, 주님의 이름이 온 세상에서 어찌나 놀라운지요! 주님께서 베풀어주신 많은 은혜에 감사드립니다. 저희는 언제 어느 때든지 저희가 온전히 주님의 손안에 있음을 느낍니다. 저희 중 어떤 이들은 매우 비천한 처지에서 어려움을 겪는 중에도 남은 힘을 쥐어짜 모든 은사를 주신 주님을 찬양하고 송축하려 합니다. 주님은 주실 때도 선하시며, 가져가실 때도 선하십니다. 주님은 짙은 밤이 저희를 무겁게 짓누를 때도 선하시며, 태양이 저희의 길을 밝게 비춰줄 때도 선하십니다. 주님은 항상 선하시며 주께서 하시는 일도 모두 선하므로 아침에 해가 떠서 저녁에 질 때까지 여호와의 이름을 송축하며 한밤중에도 주님께 드리는 찬양이 멈추지 않을 것입니다. 주께서 저희에게 베풀어주신 모든 것을 기억할 때, 저희는 감사하는 동시에 놀라움에 휩싸이게 됩니다. 주님은 세상의 기초가 놓이기 전부터 저희를 사랑하셨고, 비천한 저희에게 주권적인 사랑을 부어주셨으며, 저희처럼 무가치한 피조물을 속죄하기 위해 독생자 예수 그리스도를 주셨고, 죄와 허물과 굳은 마음과 반역적인 본성을 지니고 있는 저희를 사랑하셨습니다. 이것은 매우 기이하며 때로는 저희의 믿음을 초월하는 일이지만, 그래도 저희는 그것이 사실인 것을 믿습니다. 주님의 사랑을 깨닫고 주님을 아바 아버지라 부르게 되었음에도 저희는 여전히 무가치함을 고백합니다. 주님의 선하심을 잘 느끼지 못하며 배은망덕하고 신실하지 못하게 행동할 때가 많습니다. 그런데도 주님은 변함없이 신실하게 저희에게 사랑을 베풀어주십니다. 그렇기에 저희는 다시금 주님의 이름을 송축할 수밖에 없습니다.

특별히 지난 한 해 동안 저희를 돌보아주신 주님의 선하심에 감사드립니다. 이곳에 모인 형제 중 어떤 이는 비교적 순탄한 길을, 어떤 이는 매우 험난한 길을, 어떤 이는 슬픔과 괴로움의 깊은 골짜기를 지나왔습니다. 하지만 주님은 이 모든 백성을 올바른 길로 인도하셨습니다. 비록 때로는 주님께서 저희를 험한 광야로 인도하실 때도 있었지만, 저희는 그것이 가장 **빠른** 지름길이었음을 믿습니다. 주님은 최선의 길이 어디인지 아시며 저희를 더욱 확실하게 앞으로 나아가게 하려고 일시적으로 후퇴하게도 하십니다. 지난 한 해 동안 주님께서 베푸신 모든 은혜를 돌이켜 볼 때, 저희는 주님의 사랑에 더욱 감사와 찬송을 올려드리게 됩니다.

그리고 이제 새로운 한 해를 맞이했습니다. 저희는 과거와 미래를 주관하시는 항해사이신 주님께 기쁜 마음으로 모든 것을 맡기기 원합니다. 다만 한 가지 바라는 소원이 있다면, 다음 한 해 동안 그 어느 때보다도 저희를 통해 더욱 주님이 영광 받으시는 것입니다. 비록 그것을 위해 극심한 시련을 겪어야 하더라도 주님께 영광 돌릴 수만 있다면 저희는 기꺼이 감내할 것입니다. 비록 그것을 위해 안락한 환경을 포기하고 고생을 겪더라도 주님께 영광 돌릴 수만 있다면 저희는 기뻐할 것입니다. 비록 그것을 위해 삶의 모든 즐거움이 끝나고 집을 **빼앗기**

더라도, 주님의 자녀들은 결코 하나님께 불평하지 않으며 오직 〈아버지, 아버지의 이름이 영광 받으소서〉라는 기도만 전심으로 올려드릴 것입니다. 위대하신 아버지여, 저희를 더욱 거룩하게 하여주시고 그것을 통해 주님께서 친히 영광 받아주소서. 날마다 저희의 이기심을 정화해주소서. 사람을 두려워하지 않게 하여주시고, 저희를 잘못된 길로 인도하는 것을 사랑하지 않도록 도와주소서.

저희를 더욱 굳건하게 하여주시고 항상 바른 것을 말하고 생각하고 행하도록 도와주소서. 형제를 사랑하는 마음을 주셔서 필요하다면 그들을 위해 목숨까지 내어놓을 수 있을 만큼 사랑하게 하여주소서. 무엇보다 저희를 살리신 예수님을 향한 사랑이 더욱 뜨거워지게 하여주소서. 주님의 귀한 형상을 저희 마음에 새겨주시고 주님의 뜻에 온전히 순종하며 절대로 주님의 길에서 벗어나 방황하지 않게 하여주소서. 열린 샘의 물로 저희의 죄악을 씻겨주시고, 넘치는 강물로 저희의 잘못된 욕망과 속된 포부와 하나님의 뜻에 반하는 모든 것을 씻어 없애주소서. 주님의 종들에게 새 힘을 주셔서 새로운 한 해 동안도 승리하는 삶을 살게 하여주소서. 그들에게 모든 시련을 극복할 수 있는 용기와 모든 기쁨을 누릴 수 있는 은혜를 허락해주소서. 저희가 더욱 거룩하고 행복한 백성이 되게 하여주시고, 구원받은 주님의 백성이 주님의 이름을 높이며 환난을 당할 때라도 기쁨의 찬송을 부르면서 하나님께 영광 돌리게 하여주소서.

오 하나님, 이 시간 주님께 간구하오니, 이 땅의 신앙을 부흥시켜 주소서. 성령님을 통해 복음의 권능이 선포되게 하여주소서. 많은 사람이 진리에서 멀어지고 있습니다. 저희를 굳게 붙들어 진리를 떠나지 않게 하여주소서. 세상 사람들이 저희를 시대에 뒤떨어진 광신자로 여길지라도 부끄러워하지 않게 하여주소서. 저희로 하여금 세상 문화와 시대의 유행에 타협하지 않게 하여주시고, 저희를 위해 피 흘리신 구세주와 동행하며 거절당하는 것을 두려워하지 않고 사람들에게 배척받는 진리를 기꺼이 받아들이며 세상이 멸시하는 성경의 가르침을 끝까지 붙들게 하여주소서. 심지어 목숨을 잃는 한이 있더라도 신실함을 잃지 않도록 도와주소서.

주님, 또한 사랑하는 이 교회와 교인들을 축복하여 주소서. 저희에게 베푸신 주님의 은혜가 참으로 큽니다. 저희의 건강과 힘과 노력이 그것을 주신 주님을 기쁘시게 하는 일에 사용되게 하여주소서. 우리에게 있는 모든 것을 주님을 위해 사용해주시고, 이곳에 출입하는 모든 자에게 지식과 깨달음으로 채워주소서. 아버지여, 아버지의 이름을 영화롭게 하소서.

이 땅의 평화를 위해 기도합니다. 이 나라가 전쟁에 휘말리지 않게 지켜주소서. 다시 어리석은 전쟁을 되풀이하지 않게 하여주시고, 다만 검을 사용하지 않고 주님의 나라가 임할 수 있게 하여주소서. 전쟁의 천사를 일으키지 마시고 주님의 검을 뽑지 말아 주소서. 평강의 왕이신 그리스도의 이름으로 기도합니다. 아멘.

구원의 날

보아라, 지금은 은혜 받을 만한 때이며 구원의 날이다. (고후 6:2)

오 하나님, 주님은 저희의 가장 큰 기쁨입니다. 주님을 찬양할 때 저희의 마음이 기쁨으로 가득해집니다. 주님의 이름이 영광 받을 때, 죄인들이 예수님의 이름을 높일 때, 수많은 무리가 주님께 나아올 그 날을 고대할 때, 주님이 오시는 나팔 소리를 기대할 때, 저희의 심령은 구원자 되신 하나님 안에서 즐거워합니다. 주님은 기쁨의 샘이며, 하나님 안에서 기뻐하는 모든 자에게 풍성한 축복을 베푸시는 분입니다. 주님은 저희에게 〈너는 주 안에서 기뻐하라. 그가 네게 마음의 소원을 주실 것이다〉

라고 말씀하셨습니다. 주님을 기뻐하는 것만으로 상을 주신다니, 이처럼 행복한 의무가 또 어디 있겠습니까? 주님은 실로 저희에게 의를 행하고 주님의 도를 기뻐하며 선한 것으로 가득한 마음을 주시며 날아오르는 독수리와 같은 새 힘을 주십니다. 저희가 주님을 더욱 알고 주님께 영광 돌리도록 도와주소서. 저희는 어린 시절부터 주님을 알고 주께서 행하신 놀라운 일을 선포해왔습니다. 저희의 마음과 입술과 삶으로 주님을 욕되게 하는 일이 없도록 도와주소서. 주님의 거룩한 이름을 욕되게 하느니 차라리 죽는 편이 낫습니다. 주님의 이름은 저희의 눈동자보다 귀합니다. 저희는 주님의 영광이 머물러 있는 주님의 집에 거하길 원합니다. 저희 영혼이 죄인과 어울리게 하지 마시고, 오직 어린양을 좇아 심지어 겟세마데와 갈보리까지도 따라갈 수 있도록 도와주소서. 저희 마음이 온전히 주님만 바라보게 하여주소서. 저희의 삶은 잘못으로 가득하며, 그것 때문에 저희는 늘 애통해합니다. 하지만 저희는 전심으로 주님의 법을 따르며 주님을 송축하고 저희의 마음이 온전히 주님께 드려지길 원합니다. 아버지의 이름이 영광 받는 일에 조금도 머뭇거림 없이 저희 모든 것을 내어놓게 하여주소서.

이 아침에 전 세계의 거룩한 모임을 주님께서 다정한 눈으로 굽

어살펴주소서. 이곳에 모인 사람들이 주님을 더욱 사랑할 수 있게 도와주소서. 하나님께 합당한 삶을 사는 자들에게 하나님의 생명으로 충만하게 하여주소서. 때로는 주님의 길에서 벗어나 꺼져가는 심지처럼 된 자도 있습니다. 이렇게 방황하는 자들의 심지를 다시 밝히셔서 그들이 오직 하나님 안에서 기쁨을 누리게 하여주소서. 안타깝게도 이 무리 가운데는 주님께서 보시기에 불경건하고 냉담한 자들이 있을지 모릅니다. 그들의 마음을 주님의 검으로 꿰뚫어 냉담함은 죽고 영혼은 살아나게 하여주소서. 오 빛나는 창과 같은 주님, 오늘 교만하고 스스로 의롭다 여기는 자의 마음을 쳐서 주님의 자비를 구하지 않던 자들이 겸손히 주님의 손을 우러러보게 하시고, 심령이 상하고 무거운 짐 진 자들의 마음을 위로하여 주옵소서. 죄인들을 노예의 집에서 해방하여주소서. 전능하신 야곱의 하나님, 이스라엘 백성을 바로의 속박에서 구하신 것처럼 주님의 택한 자들을 구원하여주소서. 홍해는 이미 갈라졌으며 주님은 누가 주님의 백성인지 알고 계십니다. 구원받은 자의 수가 차고 넘치게 하여 예수께서 흘리신 피의 대가를 충분히 받을 수 있게 하여주소서.

오 주님, 저희에게 인내할 힘을 주옵소서. 저희 중에 어떤 이는 건강이 회복되기를 구합니다. 하지만 저희 뜻대로가 아니라 주님 뜻대로 하옵시고, 주님의 뜻에 합당하다면 그를 치료하여주소서. 어떤 이는 고난에서 벗어나길 구합니다. 이것 역시 주님 뜻대로 이루어지길 원합니다. 어떤 이는 양심의 가책을 느끼고 그리스도의 보혈로 씻김 받기를 구합니다. 그의 기도를 들어주시고, 그뿐 아니라 저희 모두도 주님의 보혈로 씻겨주소서. 오 하나님, 이 교회와 성도들을 더욱 축복하여주소서. 과거를 돌아볼 때, 하나님께서 저희에게 주신 복이 얼마나 풍성한지 모릅니다! 저희가 어찌 주님을 찬양하지 않을 수 있겠습니까? 목이 갈라지고 상한다고 할지라도 저희가 잠잠할 수 있겠습니까? 그럴 수 없습니다. 수금의 줄이 모두 끊어지고 단 하나만 남아 있어도 그것은 여전히 예수님의 사랑과 하나님의 영광을 찬양할 것입니다. 저희는 살아있는 동안 늘 사랑의 왕이신 주님의 이름을 송축할 것입니다. 저희에게는 하늘 위에 주님과 같은 분이 없으며 땅에서도 주님 외에 바랄 자가 없습니다. 저희는 땅의 모든 것과 결별하고 하나님의 그리스도와 영원히 혼인하였습니다. 저희는 그리스도와 끊을 수 없는 끈으로 묶였기에 어떤 것도 그리스도의 사랑에서 저희를 떼어낼 수 없습니다.

주님, 저희에게 주님에 대해 밝히 알려주소서. 드리운 베일을 걷으시고 보혈로 씻김 받은 주의 백성이 주님께 더욱 가까이 나아가 그들의 영혼이 하나님과 친밀히 대화하게 하여주소서. 그리스도와 함께 부활하여 천국에서 그리스도 곁에 앉은 자들이 영원하신 주님과 이야기를 나누며 교제하는 날이 속히 오게 하여주소서. 저희를 구원하신 주님, 사랑의 눈길로 저희를 바라보아주소서. 주님께서 바라보시는 한 번의 눈길이 정오의 햇살보다 더욱 찬란합니다. 주님의 입술에서 나온 한마디 말씀이 천사들의 합창 소리보다 감미롭습니다. 전 세계에 있는 모든 주님의 자녀에게, 특히 아픈 자와 죽어가는 자에게 주님께서 사랑의 눈길로 바라보아 주소서.

또한 주님, 이 시간 이 나라를 위해 기도하오니 주님의 무한한 자비로 이 나라를 전쟁에서 보호해주소서. 세계의 평화를 지켜주시고 이 나라가 전쟁의 소용돌이에 휘말리지 않게 하여주소서. 어리석은 짓을 경계하는 나라에 지혜를 주시고, 지혜로운 나라에 힘을 더하여주소서. 지상 모든 곳에서 전쟁이 끝나게 하여주소서. 기독교와 문명과 자유와 모든 정직하고 선한 것이 곳곳에 퍼질 수 있도록 주님께서 길을 열어주소서. 주님의 나라가 임하옵시고, 주님의 뜻이 하늘에서 이루어진 것처럼 땅에서도 이루어지게 하여주소서. 나라와 권세와 영광이 영원토록 주님의 것입니다. 아멘.

무덤 앞에 앉은 마리아

거기 무덤 맞은편에는 막달라 마리아와 또 한 명의 마리아가 앉아 있었다. (마 27:61)

지극히 영광스러운 주 하나님, 성육신한 주님의 독생자를 통해 저희가 주님의 모습을 직접 볼 수 있게 된 것이 얼마나 놀라운 일인지 모릅니다. 생명의 주님께서 죽기까지 낮아지시고 결코 부패하지 않는 분께서 무덤에 눕게 되었다니 이토록 놀라운 일이 어디 있겠습니까? 그래서 우리 마음은 감사뿐 아니라 놀라움으로 가득합니다. 주님께서 누워계셨던 무덤 앞에서 무덤 문이 열려 있고 안은 텅 빈 것을 볼 때 저희는 죽음에서 부활하신 주님의 이름을 찬양할 수밖에 없습니다. 주님께서 부활하셨다는 놀라운 사실이 저희 믿음의 토대입니다. 주님의 부활은 사복음서의 증거뿐 아니라 수많은 목격자의 증언을 통해서도 결코 의심할 수 없는 사실임을 저희가 압니다. 저희는 그것을 의심하지 않으며 온 마음을 다해 주님의 부활을 믿지만, 그럼에도 성령님께서 저희의 삶을 통해 주님의 부활을 더욱 확신할 수 있게 하여주시길 원합니다. 저희의 머리 되신 주님과 더욱 교제하게 하여주소서. 새 삶을 통해 주님과 함께 죽고 주님과 함께 사는 법을 깨닫게 하여주소서. 오 하나님, 저희의 옛사람이 그리스도와 함께 십자가에 못 박히게 하여주셔서 감사합니다. 날마다 저희 육신의 정욕과 탐욕을 억제하게 하여주소서. 세상과 죄와 이기심에 대해 죽은 자와 같이 되길 원합니다. 죽은 자는 어떠한 죄의 유혹에도 귀 기울이지 않습니다. 저희도 그와 같이 육신의 정욕과 마귀의 유혹에서 벗어나게 하여주소서. 은혜로 더욱 거룩해져서 스스로를 죄에 대해 실제로 죽은 자와 같이 여기도록 하여주시고, 반면에 하나님에 대해서는 우리 주 예수 그리스도를 통해 산 자가 되게 하여주소서. 아무리 고통스럽고 힘겨운 일이라고 해도 세상의 것을 산 것이 아니라 죽어서 땅에 묻힌 것으로 여기게 하여주소서.

저희 중에 몸에 주 예수님의 흔적을 지닌 자들이 있습니다. 그들로 하여금 세례를 받은 것이 그저 형식적인 의식이 아니라 실제로 그리스도와 함께 죽어서 구별된 자가 되는 것임을 깨닫게 하여주소서. 저희로 하여금 더욱 새로운 삶을 살며 주님께서 심으신 복음의 씨앗이 풍성한 열매를 맺게 하여주소서. 새 생명이 저희의 삶을 지배하며 그것의 영향을 받아 저희가 새 힘을 얻고 성령님의 인도하심에 온전히 따를 수 있게 하여주소서. 저희가 이것을 간절히 바랍니다.

이 주일에 특별히 성령님께서 강하게 붙드셔서 저희로 하여금 깨어있게 하여주소서. 형식적인 죽은 예배와 죽은 찬송과 죽은 기도를 드리지 않게 하시고, 설교를 하는 자와 듣는 자 모두에게 생기를 부어주소서. 이 아침에 드리는 예배가 살아있는 예배가 되게 하여주시고, 기도할 때 머리만 숙이는 것이 아니라 마음까지도 숙이게 하여주시며, 그저 눈을 감는 시늉만 하는 것이 아니라 세속적인 모든 것에 대해 눈을 감게 하여주소서.

오 주님, 오늘 저희를 그리스도의 무덤 안에 함께 있게 하셔서 그 안에서 세상에는 보여주지 않으셨던 주님의 거룩한 모습을 저희로 하여금 보게 하여주소서. 그리스도는 저희에게, 저희는 그리스도에게 기쁨을 취하는 잠겨진 동산이며 닫힌 샘이고 봉인된 우물입니다. (아 4:12) 저희의 영혼은 기쁨에 휩싸여 〈나는 내 사랑하는 이의 소유이며, 내 사랑하는 이는 나의 소유이다. 그가 백합 사이에서 양을 치고 있구나〉(아 6:3)라고 노래합니다.

오늘은 모든 걱정과 멍에를 내려놓고 안식하는 날입니다. 온 세상을 통치하시는 지혜로운 주님의 손에 저희의 모든 걱정근심을 맡깁니다. 은혜로우신 주님, 오늘 주님의 자녀들을 책망과 위로로 거룩하게 하여 주님께서 그들을 위해 마련해두신 곳에 합당한 자로 자라나게 하여주소서. 병에 걸려 집에 누워있는 주님의 종들과 우울함에 빠져있는 자들과 특별히 죽음을 눈앞에 둔 자들을 주님께서 기억해주소서. 유혹에 빠진 주님의 자녀들과 극심한 시련을 자기 힘으로 이겨내려고 애쓰며 상황을 더욱 악화시키는 자들을 불쌍히 여겨주소서. 그들에게 주님의 은혜와 권능을 보여주소서. 그래서 그들로 하여금 장차 다가올 시대에 모든 성도와 함께 예수 그리스도의 놀라운 권능과 사랑을 선포하게 하소서.

주님, 오늘 이곳이나 혹은 다른 예배에 참석한 사람 중에서 아직 회심하지 않은 자들을 축복해주소서. 그들을 구원하여주소서. 많은 사람을 향한 주님의 영원한 목적이 성취되게 하여주소서. 주님의 탕자들이 사랑하는 아버지의 집으로 돌아와 기름진 음식이 가득한 잔치에 참여하게 하여주소서. 그들보다 먼저 믿은 우리는 탕자의 형처럼 질투하지 않고 의대하신 아버지와 함께 그들을 따뜻하게 맞이하게 하여주소서. 저희 가운데 축복이 넘치게 하여주셔서 저희로 하여금 모두 함께 주님의 놀라운 이름을 높이게 하여주소서. 저희가 유일하신 이스라엘의 하나님을 경배하는 것처럼 다른 자들도 주님을 경배하게 하여주소서. 아브라함과 이삭과 야곱의 하나님은 영원토록 저희의 하나님이십니다. 여호와 엘로힘이시여, 주님의 독생자 예수 그리스도의 이름으로 주님을 경배합니다. 아멘.

안식을 누리지 못하는 이유

그러므로 너희는 하나님께 복종해라. 마귀를 대적해라, 그리하면 그가 네게서 도망칠 것이다. 하나님을 가까이해라, 그리하면 하나님께서도 너희를 가까이하실 것이다. 너희 죄인들아, 손을 깨끗이 해라. 너희 두 마음을 품은 자들아, 마음을 정결하게 해라. 괴로워하고 애통해하며 울어라. 너희 웃음을 애통으로 바꾸고 기쁨을 근심으로 바꾸어라. 주님 앞에 너희를 겸손히 낮추어라, 그리하면 주께서 너희를 들어 올리실 것이다. (약 4:7~10)

은혜로우신 아버지, 저희로 하여금 주님께 더욱 가까이 나아가도록 허락하여 주옵소서. 성령님, 저희를 하나님께 인도하여 주소서. 예수님, 주님께서 흘리신 보혈을 통해 저희가 하나님께 가까이 나아가게 하여주소서. 이 아침에 주님의 종으로 하여금 성령님의 권능에 힘입어 이 모든 백성을 은혜의 보좌로 가까이 인도할 수 있도록 주님의 능력을 부어주소서.

하나님께서 저희에게 베푸신 은혜 때문만이 아니라 주님께서 지니신 놀라운 영광으로 인해 저희는 주님을 찬양하고 송축합니다. 주님 안에는 모든 완전함이 찬란하게 빛을 발합니다. 저희는 육신의 반역으로 인해 저희 힘으로 주님의 길을 기뻐할 수 없습니다. 주님의 길은 어렵고 힘들기 때문입니다. 하지만 저희 영혼은 지극히 높으신 주님 안에서 항상 주님의 선하심과 놀라우심과 사랑을 맛보며 쉼을 얻고 기뻐할 것입니다. 주님은 예수 그리스도를 통해 주님의 모습을 드러내셨으며, 지금은 저희에게 무한한 기쁨을 주시는 대상이 되십니다. 주님은 저희에게 기뻐하라고 명령하셨으며 저희 마음의 소원을 주시겠다고 약속하셨습니다. 주님을 생각하는 것만으로 저희는 매우 큰 기쁨을 느낍니다. 저희 영혼이 하나님을 높입니다. 주님은 저희의 하나님이며 저희 조상의 하나님이고, 저희는 주님께 영광 돌리고 주님의 이름을 높일 것입니다.

하지만 주님, 저희는 주님을 대적하는 본성을 지니고 있음을 고백합니다. 아담의 타락하고 부패한 본성이 반란을 일으켜 하나님을 떠나게 합니다. 비록 주님께서 값없이 주신 은혜로 저희를 새롭게 하셨지만, 그럼에도 저희에게 남은 악한 옛 본성이 때때로 저희로 하여금 주님을 대적하도록 부추깁니다. 그러므로 이 아침에 주님께 기도하오니, 저희가 주님의 이름을 말로만 높이는 것이 아니라 온 마음을 다해 주님께 복종하며 진실한 경의를 표하도록 하여주소서. 저희로 하여금 실제로는 그렇지 않은데 주님을 온전히 섬기고 있다고 착각하지 않도록 하여주소서. 여기 있는 많은 사람이 입으로는 그리스도를 주로 고백하지만, 진정으로 마음을 다해 주님을 섬기고 있는지 되돌아보게 하여주소서.

저희는 진실로 성령님에 의해 거듭났습니까? 주님께서 저희 마음을 살피셔서 저희로 하여금 다른 어떤 문제보다 이것을 더욱 진지하게 고민하도록 하여주소서. 저희가 스스로를 부지런히 살피도록 도와주소서. 저희의 심령이 하나님의 자녀로서 적합한 심령인지, 저희의 근심이 통회하는 마음으로 눈물을 흘리며 하는 근심인지, 저희의 기쁨이 믿음에 의한 기쁨인지 착각에 의한 기쁨인지 분별하게 하여주소서. 저희로 하여금 자신을 더욱 자주 성소의 저울에 올려놓고 충분한 무게를 지녔는지 그렇지 않은지 엄밀하게 측정하게 하여주소서. 그리스도의 사역과 보혈과 의와 성품 안에 머물러 있다고 자신 있게 고백할 수 있도록 하여주소서. 저희가 의지할 바는 오직 그리스도뿐입니다. 저희 영혼은 오직 그리스도의 사랑에 의해 정결해집니다. 저희의 성품과 삶에서 믿음의 열매가 맺히게 하여주소서. 저희는 늘 죄를 지으며 그것 때문에 근심이 끊이질 않습니다. 저희 힘으로는 도저히 스스로 만족과 안식을 취할 수 없으며, 그저 주님의 은혜에 의지할 수밖에 없습니다. 우리 속에 있는 악한 것을 꾸짖는 주님의 말씀을 읽을 때 저희는 주님의 손 아래 자신을 겸손히 낮추게 됩니다. 주님, 저희 속에 있는 질투심을 없애주시고 저희의 혀를 통제하여 거룩하게 되도록 은혜 내려주소서. 이웃에게 친절하게 대하며 성령의 열매를 맺게 하여주소서. 자신을 위해 살지 않고 오직 주님을 위해 살도록 하여주소서. 불씨가 큰불이 되기 전에 꺼야 하는 것처럼, 저희 안에 이기심과 분노가 커지기 전에 꺼뜨릴 수 있도록 도와주소서.

저희로 하여금 그리스도를 더욱 닮게 하여주소서. 이 땅에서 예수님과 같은 삶을 살기 원합니다. 예수님께서 아버지의 명령에 따라 이 땅에 들어오신 것처럼 저희도 예수님의 명령에 따라 살게 하여주소서. 예수님의 말씀과 행실과 심령을 본받기를 원합니다. 저희를 죄의 권세에서 벗어나 그리스도의 형상을 닮게 하여주소서. 술에 취해 이기적이고 방탕한 삶을 살면서 자신이 지옥의 불길에서 구원받았다고 착각하는 사람이 없게 하여주시고, 그런 삶을 사는 자들로 하여금 하나님께서 인간을 죄의 권세에서 구원하시는 가장 큰 목적은 하나님께 구별되고 지극히 높으신 분의 영광을 위해 살도록 하기 위함임을 깨닫게 하여주소서. 오 주님, 저희의 이기심이 저희가 행하는 기도와 설교와 가르침에 침투하지 않도록 지켜주소서. 저희를 깨끗하게 하여주소서. 저희가 그리스도를 믿음으로 깨끗하게 되는 것을 압니다. 주님의 의롭게 하는 능력을 의심하지 않게 해주셔서 감사합니다. 또한, 저희를 거룩하게 하시는 주님의 능력도 의심하지 않게 하여주시고, 〈아, 난 얼마나 비참한 자인가! 누가 나를 이 사망의 몸에서 건져줄 것인가?〉(롬 7:24)라고 부르짖으면서도 동시에 〈우리 주 예수 그리스도를 통해 우리에게 승리를 주시는 하나님께 감사한다〉(고전 15:57)라고 고백하게 하여주소서.

이 시간 주님께 구하나니, 구원을 찾아 헤매지만 찾지 못하는 자들과 복음을 듣기는 했지만 안식을 얻지 못한 자들을 불쌍히 여겨주소서. 사탄이 그들의 길을 방해하는 것을 저희가 압니다. 이 자리에도 구원을 찾아 헤매지만 여전히 죄에 사로잡혀 있는 자들이 있을지 모릅니다. 그들을 죄의 유혹에서 건져내 주옵소서. 여전히 악한 무리와 욕망에서 빠져나오지 못한 자들이 있습니다. 오 하나님, 참회하는 마음으로 주님께 나아오는 자들을 도와주소서. 그들이 달콤한 죄든 쓴 죄든 모든 종류의 죄에서 벗어나게 하여주소서. 주님을 찾아 헤매는 자들의 영혼이 타락한 상태에서 벗어날 수 있도록 죄를 싫어하게 만들어주소서. 여기 앉아있는 사람 중에 여전히 옛 생활에 머물러 있으면서 자신이 구원받았다고 착각하는 사람이 한 명도 없게 하여주소서. 그들로 하여금 예수님께서는 그분의 백성, 곧 예수님을 믿으며 자기를 혐오하고 깊이 뉘우치며 자기 마음을 부지런히 살피면서 주님께 나아오는 자들을 죄에서 구원하시는 분임을 깨닫게 하여주소서. 오늘을 그들이 죄에서 해방되는 날로 삼아주소서. 이 시간 설교를 통해 돌과 같은 자들을 일으켜 아브라함의 자손이 되게 하여주소서. 돌처럼 차갑고 헐벗은 자들이 오늘 성령님에 의해 깨어나 하나님 앞에 엎드리게 하여주시고 그들을 의의 도구로 사용되게 하여주소서. 주님께서 부어주시는 은혜로 인해 저희가 주님의 이름을 송축합니다. 주님,

지금만이 아니라 심판의 날에도 저희 모두를 구원하여 주소서. 그래서 저희가 주님과 예수 그리스도의 나라에 들어갈 때 불 가운데 얻는 구원이 아니라 풍성함 가운데 얻는 구원을 누리게 하여주소서.

주님께 구할 것은 너무도 많지만, 저희가 말로 표현하지 않아도 주님은 모든 것을 아시는 줄 믿습니다. 주님 앞에 나오는 모든 사람뿐 아니라 전 세계의 모든 주님의 백성에게 필요한 것이 무엇인지 주님은 정확히 아십니다. 하나님의 교회를 부흥시켜 주시고 설교자와 교사와 전도자에게 힘을 주시옵소서. 매일 주님의 교회에 구원받은 자의 수가 늘어나게 하여주소서. 많은 이들이 우리나라를 위해 전심으로 기도하오니, 끔찍한 전쟁에서 이 나라를 지켜주소서. 평화의 하나님, 저희에게 언제나 평화를 허락하여 주소서. 주님의 검을 휘두르지 마시고, 오직 복음의 온화한 영향력이 모든 민족에게 퍼지게 하여주소서. 그래서 이기적이고 탐욕스러운 영토 분쟁이 없게 하여주시고, 다른 민족을 압제하는 일이 사라지게 하여주소서. 오직 평강의 왕이신 주님의 법이 전 세계에 선포되어 심지어 주님을 섬기지 않는 사람들까지도 그 법에 복종하게 하여주소서. 주님께서 그리스도께 주님의 백성뿐 아니라 모든 육신을 통치할 권세를 주신 것을 압니다. 저희 모두가 이 사실을 분명히 깨닫게 하여주소서. 오 예수님, 주님의 나라가 임하옵시며, 아버지의 뜻이 하늘에서 이루어진 것처럼 땅에서도 이루어지게 하여주소서. 나라와 권세와 영광이 영원토록 주님의 것입니다. 아멘.

죄를 정복하기

> 죄가 너희를 지배하지 않을 것이니, 이는 너희는 율법 아래 있지 않고 은혜 아래 있기 때문이다. (롬 6:14)

은혜로우신 주 하나님, 하늘보다 지극히 높으시지만 그럼에도 스스로 낮추어 하늘과 땅의 일을 굽어보시는 주님을 마음속 깊이 경배합니다. 그뿐 아니라 주님은 지극히 낮은 저희 인간들의 사정도 굽어 살펴보십니다. 주님은 가난한 자를 잿더미에서 일으키시며 궁핍한 자를 오물더미에서 끌어내셔서 그들을 왕으로 세우시고 사람들을 다스리게 하십니다. 이런 주님과 같은 하나님이 또 어디 있겠습니까? 할렐루야! 해가 떠서 질 때까지 저희의 찬송은 멈추지 않을 것이며 한밤중에도 주님의 이름은 계속 찬양을 받으실 것입니다.

하나님 아버지, 주님을 아버지라 부를 수 있어서 얼마나 다행인지 모릅니다. 저희를 죄에서 완전하게 구원하여 주옵소서. 많은 사람이 믿음으로 의롭다 여김 받고 주님 앞에서 안식과 평안을 누리게 되었습니다. 저희는 자신의 의가 아니라 예수 그리스도의 의를 통해 의롭게 되었습니다. 하지만 저희는 그것으로 만족하지 않고 간절히 주님의 형상을 닮기 원하며, 그러지 못한 것으로 인해 비통해합니다. 주님께서 저희의 아버지 되신다면 주님의 자녀는 모두 주님의 형상을 닮아야 할 것입니다. 저희도 주님을 닮게 하여주옵소서.

주님, 저희는 이제 죄에 대해 죽은 자라는 사실을 확실히 인식하게 하여주소서. 그래서 죄가 유혹할 때 죽은 자처럼 귀를 막고 죄가 우리 육신을 불의한 일을 하는 도구로 사용하려 할 때 죽은 자처럼 움직이지 않게 하여주소서. 오 하나님, 죄의 공격에서 저희를 구해주시고 죄에 지배당하지 않도록 도와주소서. 저희로 하여금 그리스도의 발자취를 따라 걷게 하시고, 육신의 삶이 저희를 사랑해서 자기 몸을 내어주신 하나님의 아들을 믿는 믿음의 삶으로 변화되게 하여주시며, 성육신하신 그리스도께서 보여주신 모범처럼 저희도 하나님을 향한 열망과 순결한 거룩함으로 가득한 삶을 살게 하여주소서.

저희 육신에는 아직 혐오스러운 것이 너무도 많이 남아 있습니다. 때로는 나태함의 유혹에 넘어가 세상일에는 매우 바쁘지만 영적인 일에는 게으름을 피우기도 합니다. 또, 교만하여 자신을 높게 여기며 다른 사람을 시기하고 질투하기도 합니다. 저희는 아무것도 자랑할 만한 것이 없고 가장 비천한 자인데도 스스로를 매우 대단한 존재로 여길 때가 많습니다. 저희 육신의 본성이 저지르는 이 모든 악을 용서해주시고, 이런 악에 빠지게 하는 저희의 본성을 제거해주소서. 특별히 저희의 불신을 불쌍히 여겨주소서. 주님은 저희에게 주님께서 존재하시고 저희를 사랑하시며 저희를 돌보아주신다는 증거를 주셨습니다. 특히 가장 큰 증거는 사랑의 서약으로써 주님의 독생자를 저희에게 주신 것입니다. 그런데도 저희는 의심을 품고 불신에 사로잡힐 때가 많습니다. 이런 점이 저희를 너무도 부끄럽게 합니다. 주님, 저희를 불쌍히 여겨주소서. 저희의 믿음을 강건하게 하여 하나님께 영광 돌릴 수 있게 하여주소서.

또한, 저희는 자주 마음이 방황하는 탓에 애통해합니다. 그래서 주님께서 저희에게 허락하신 축복을 오히려 우상으로 삼곤 합니다. 주님께서 주신 자녀나 물건이나 부나 명예에 마음을 빼앗기는 경우가 너무도 많습니다. 이런 영적인 간음을 통해 하나님을 향한 저희 마음의 순결이 자주 훼손되곤 합니다. 이런 저희를 용서해주소서. 저희의 마음이 〈덮은 우물과 봉해진 샘〉(아 4:12)처럼 영원토록 주님만을 바라게 하여주소서. 저희의 온 마음이 오직 그리스도로 가득하게 하여주시고 다른 것에 정신 팔리지 않도록 도와주소서.

저희가 오늘 아침 이처럼 열정적으로 주님께 기도할 수 있게 해주셔서 감사합니다. 한때 저희는 죄를 짓고 잘못된 길로 가면서도 아무런 양심의 가책이나 마음의 고통을 느끼지 못하곤 했습니다. 주님께서 아시는 것처럼 죄는 저희에게 매우 큰 저주입니다. 다른 모든 고통은 매우 민감하게 느끼면서도 죄만큼은 그다지 대수롭지 않게 생각하곤 합니다. 오 하나님, 저희를 이런 죄에서 구해주소서! 죄가 가까이 다가오는 것을 생각하기만 해도 저희는 〈아, 난 얼마나 비참한 자인가! 누가 나를 이 사망의 몸에서 건져줄 것인가?〉(롬 7:24)라고 울부짖습니다. 그리고 저희가 얻을 수 있는 유일한 위로는 오직 우리 주 예수 그리스도께서 승리하셨다는 진리뿐입니다. 이 진리가 저희 양심에 바로 새겨지고 저희의 삶을 통해 분명히 드러나게 하여주소서. 오 하나님, 저희가 어린아이처럼 오직 주님께만 헌신하고 의지하고 복종하게 하여주소서. 온 마음과 영과 정신으로 주님을 사랑하도록 도와주소서. 또, 주님의 말씀대로 이웃을 자신처럼 사랑하게 하여주소서. 이웃에 대한 혈기와 악한 생각과 비방의 말을 삼가게 하여주소서. 관대하지 못하고 불친절한 태도를 버리고 우리 마음에 사랑의 법을 새겨서 삶의 모든 생각과 말과 행동에 사랑이 담기게 하여주소서. 특히 저희의 혀를 통제할 수 있도록 도와주소서. 자기 혀를 다스리는 자는 온몸을 다스릴 수 있기 때문입니다. 저희가 다른 사람과 함께 있을 때만이 아니라 홀로 있을 때도 항상 자신을 지키게 하여주소서. 저희 입술의 문단속을 철저히 할 수 있도록 도와주소서. 그리고 저희 입술의 문이 열릴 때는 그곳에서 단물과 쓴 물이 동시에 흘러나오거나 축복과 저주의 말이 동시에 나오는 것이 아니라, 항상 선하고 유익이 되는 말이 나오게 하여주소서.

주님, 저희를 거룩하게 하여주소서. 비록 저희가 거룩한 행위를 통해 구원을 받는 것은 아니지만, 그래도 저희는 죄와 부패에서 벗어나 악의 속박에서 해방되기를 간절히 바랍니다. 그래서 저희가 천국에 이르렀을 때 조금도 흠 없는 모습으로 하나님의 보좌 앞에 서기를 원합니다. 어떠한 더러운 것도 천국에 침투하지 못하게 하여주소서. 오 저희의 죄를 대속하시고 저희의 더러움을 씻겨주신 하나님의 어린양이시여, 날마다 더럽혀진 저희 발을 주님의 은혜로 씻겨주소서. 그래서 저희가 주님의 성읍에 들어설 때 〈그들은 합당한 자들이기에 흰옷을 입고 나와 함께 거닐 것이다〉(계 3:4)라고 말씀하신 자들처럼 저희도 주님과 함께 거닐 수 있게 하여주소서.

그리고 이 은혜의 시간에 주님께 구하오니 속박된 주님의 자녀들을 기억해주소서. 소망을 잃고 믿음이 약해지고 사랑이 식은 주님의 백성에게 새 힘을 주셔서 의심과 절망과 걱정을 뿌리치고 독수리처럼 날아오르게 하여주소서. 주님의 종들이 극심한 시련 속에 있지 않게 하여주시고 환난 속에서도 그들에게 영광에 이르는 은혜를 주셔서 그들로 하여금 인내와 체험과 소망을 얻게 하여주소서. 잿더미에 있는 자를 아름답게 씻기시고, 애통해하는 자에게 기쁨의 기름을 부으시고, 짓눌린 자에게 찬송의 옷을 입혀주소서.

전 세계 교회를 부흥시켜주소서. 다시금 전 세계에 순수한 복음이 전파되게 하여주소서. 부정하고 의심이 가득한 목소리는 침묵하게 하시고 강단에서 예수 그리스도의 순수한 복음이 선포되는 날이 오게 하여주소서. 그리스도의 백성이 다시 옛 성도들이 지녔던 충성스러운 믿음으로 돌아와 더는 다른 길로 방황하지 않게 하여주소서.

오 하나님, 아직 회심하지 않은 자들을 위해 주님께 간절히 구합니다. 저희로 하여금 하나님에게서 멀리 떨어진 자들을 위해 애통해하며 그들을 주님께 인도하는 일에 힘쓰게 하여주소서. 오 하나님, 어리석고 무감각한 자들이 깨어나게 하여주소서. 이 아침에 여기 앉아있는 자 중에서도 자기 영혼에 대해 진지하게 생각해본 적이 없는 사람이 있을지 모릅니다. 그들로 하여금 이 시간에 깨어 일어나 은혜로 말미암은 구원에 대해 듣고 그것을 간절히 바라며 구원을 얻게 하여주소서.

걱정에 사로잡혀 목표를 잃고 그리스도를 바라보는 대신 걱정거리만 바라보고 있는 자들이 있다면, 그들로 하여금 생명의 길이 무엇인지 깨닫고 그 길로 곧장 달려가게 하여주소서. 오 하나님, 그들을 구원해주소서. 이 백성을 구원해주소서. 오늘 이 교회 안에 있는 모든 사람이 마지막 날에 하늘에 있는 성전에 들어갈 수 있게 하여주소서. 여러 곳에서 열리는 모든 믿음의 모임 위에 주님께서 축복을 내려주소서.

주님께 기도하오니, 이 나라를 축복해주시고 평화가 깨어지지 않게 하여주소서. 모든 나라에 지혜로운 대사들을 세우셔서 유혈 사태가 일어나지 않고 끔찍한 재앙을 피하게 하여주소서. 평강의 왕이신 주님이 속히 오셔서 모든 전쟁을 끝내시고 의와 평화가 영원히 지속하게 하여주소서. 저희의 목소리를 들어주시고 죄를 용서하시며 기도에 응답해주시고 예수 그리스도를 통해 주님의 풍성한 영광으로 축복해주소서. 또한, 이스라엘 민족에게도 아버지와 아들과 성령의 신비로운 삼위일체의 모습을 드러내시어 그들로 하여금 예수 그리스도께 영광 돌리게 하여주소서. 아멘.

마음으로 드리는 진정한 기도

만군의 여호와 이스라엘의 하나님, 주께서 주님의 종에게 계시하여 〈내가 네게 집을 지어줄 것이다〉라고 말씀하시므로 주의 종이 마음으로 이 기도를 주님께 드립니다. (삼하 7:27)

오 주님, 저희가 드린 찬송의 가사를 통해 저희의 본래 처지가 어떠했는지 떠올리게 됩니다. 저희는 〈다른 자들처럼 날 때부터 진노의 자식〉이었으며 바위와 진흙 덩어리 같았습니다. 저희가 밤낮으로 힘든 역경에 처했을 때 이 사실을 떠올리게 하여주소서. 죄의 짐이 어찌나 무거웠던지 그것의 끔찍한 무게에 짓눌려 저희는 아무것도 생각할 수 없었습니다. 좌우를 아무리

살펴보아도 저희를 도울만한 것이 전혀 없었습니다. 하지만 그 때 주님께서 저희로 하여금 십자가에 못 박힌 독생자를 믿음으로 바라보게 하시어 저희를 구원해주셨습니다. 주님께서 저희를 이런 끔찍한 구덩이에서 건져주신 때를 저희가 생생히 기억합니다. 이제 저희가 단단한 반석 위에 굳게 서서 주님께서 주신 새 노래로 찬양합니다. 저희 중 어떤 이는 주님께서 구해주신 날 이래로 오랜 세월을 보냈지만, 그래도 여전히 지금까지 살아온 모든 길에 뿌려진 주님의 자비를 생각하며 오늘 아침 〈내 영혼아 주님을 송축하라. 그분의 모든 은혜를 잊지 마라〉라고 고백합니다.

이 시간 저희가 지금까지 견뎌온 시련을 떠올리며 주님께 감사드립니다. 어떤 이는 육체적인 고통과 정신적인 괴로움을 겪고 어떤 이는 매를 맞으며 재산을 잃고 박해를 받기도 했지만 이런 시련이 모두 의미 있는 것이란 사실을 압니다. 저희가 겪은 시련은 저희에게 꼭 필요한 것이었습니다. 비록 저희는 마지막에 어떻게 될지 확실히 알지는 못하지만 모든 것이 저희의 유익을 위해 함께 일한다는 사실을 믿으며 주님께 감사드립니다.

주님은 선하시며 복되신 하나님이십니다. 저희의 말은 주님의 선하심과 인자하심을 온전히 표현하기에 부족하지만 저희가 할 수 있는 최선의 말로 주님께 송축하기 원합니다. 여호와 우리 하나님, 다른 이들은 자기가 원하는 형상을 찾아 경배합니다. 하지만 하나님은 영원토록 저희의 하나님이 되시며 저희가 죽음에 이를 때까지 늘 인도해주십니다. 성부와 성자와 성령의 삼위일체 하나님, 주님은 유일하신 하나님이며 하늘과 땅과 모든 것을 만드시고 주님의 백성을 구원하시며 저희의 아버지이자 친구가 되심을 겸손한 마음으로 엄숙히 고백합니다. 영광의 주님, 주님을 전심으로 경배합니다!

주님께 받은 은혜가 너무도 많아서 저희가 어떠한 어둠 속에 처할 때라도 주님은 결코 주님의 소유된 백성을 버리지 않으실 것을 확신합니다. 저희를 버리시기에는 이미 주님께서 베푸신 은혜가 너무 많습니다. 주님께서 저희를 위해 지급하신 비용이 어찌나 큰지 모릅니다. 그래서 저희는 주님께서 저희를 포기하지 않으실 것을 확신할 수 있습니다. 저희가 매서운 풍랑을 만난 시기에도 이 사실을 믿고 주님께서 저희를 천국으로 인도하고 계신다는 것을 의심하지 않게 하여주소서. 비록 바람과 파도가 휘몰아쳐도 저희는 배 뒷전에 계신 주님이 바람과 파도를 지배하는 분임을 기억하며 완전한 평안과 안식을 누릴 것입니다. 아버지, 이 아침에 주님의 자녀들을 위로해주소서. 지금 의심에 사로잡힌 자가 있다면 그에게 완전한 확신을 주셔서 그들이 주 하나님 안에서 평안을 누리게 하여주소서.

또한, 주님께 겸손히 간청하오니 저희 각자가 할 수 있는 것으로 주님을 섬길 수 있도록 허락해주소서. 저희가 주님의 전을 지을 수는 없더라도 무언가 주님을 위한 일에 마음을 쏟게 하여주소서. 주님의 뜻에 합당한 일에 집중하지 하여주시고 열매 없는 자가 되지 않게 하여주소서. 저희는 그리스도의 보혈로 속죄받은 자이기에 그리스도를 위해 살아가는 것이 마땅합니다. 저희로 하여금 그리스도를 향한 사랑에 사로잡히게 하여주시고 저희의 삶을 통해 주님께 송축하게 하여주소서.

아버지, 주님께서 베풀어주신 모든 은혜에 깊은 감사를 드립니다. 다윗이 백향목으로 지은 궁전에서 주님의 이름을 높인 것처럼 저희 또한 형통한 시기에도 주님을 높이게 하여주소서. 주님, 저희로 하여금 〈여호와께서 제게 베푸신 모든 은혜에 제가 무엇으로 보답하겠습니까?〉(시 116:12)라고 고백하게 하옵소서. 여기에 있는 주님의 모든 자녀가 날마다 주님을 섬겨서 천국의 일들이 지상에서도 일어나 이곳에서 천국의 기쁨을 만끽하며 살게 하여주소서. 하지만 주님, 저희가 주님을 위해 일하면서도 항상 예수님의 발치에 앉아 있는 일도 잊지 않게 하여주소서. 주님을 신뢰하는 저희의 믿음이 흔들리지 않게 하여주소서. 오직 주님의 영광을 위해서 모든 일을 하며, 저희의 마음이 주님의 사랑으로 가득 차고, 항상 주님의 성품을 묵상하며 살게 하여주소서. 마르다처럼 주님을 섬기면서 동시에 마리아처럼 주님의 발치에 앉아 있게 하여주소서.

이 교회 위에 성령님의 기름부음이 임하여 여기 있는 모든 이가 주님을 위해 헌신하게 하여주소서. 모든 부서에 주님이 함께해주소서. 주일 학교에는 교사들이 부족하지 않게 하여주소서. 청년들로 하여금 아이들을 가르치는 일에 기쁨을 느끼게 하여 항상 일꾼이 넘치게 하여주소서. 교회가 하는 어떤 일도 시들어지지 않게 하여주소서. 신학생을 육성하는 일에 더욱 힘쓰게 하여주소서. 저희가 돌보는 고아들이 모두 주님 안에서 영원한 구원을 얻게 하여주소서. 나라 곳곳에 퍼져있는 전도자들을 기억하시고 그들이 하나님의 말씀을 들고 여러 집을 방문할 때 많은 영혼을 구원으로 인도해 주님의 이름이 영광 받도록 하여주소서.

교회가 하는 모든 일이 주님의 뜻에 맞게 형통하도록 축복해주시고 사역에 힘쓰는 만큼 기도에도 힘쓰며 열정뿐 아니라 믿음도 더하여주소서. 오 주님! 오늘날 위기에 처한 주님의 교회와 함께하여주시고, 주님의 은혜로 저희 안에 예수 그리스도의 순수한 복음과 사랑이 되살아나게 하여주소서. 자신의 철학과 헛된 궤변을 늘어놓으며 예수 그리스도의 복음을 망치려는 자들을 꾸짖어주소서. 주님의 교회에 지혜와 분별력을 주셔서 이런 악한 속임수에 넘어가지 않고 모든 일을 오직 주님의 영광을 위해 할 수 있도록 도와주소서.

주님, 이 나라 곳곳에 기독교 정신이 깊이 스며들도록 축복해주소서. 이 나라를 평화롭게 하여주시고 전쟁의 나팔 소리와 대포의 소음이 들리지 않게 하여주소서. 사람들은 하나님을 찬양하며 더 이상 전쟁을 배우는 일이 없게 하여주소서. 모든 민족에게 주님의 축복이 임하게 하여주소서. 예수 그리스도의 복음이 가장 먼 지역까지 퍼져 그것의 능력이 널리 알려지게 하여주소서.

바다 건너 다른 땅에 있는 형제들을 축복하여 그들이 같은 진리와 영으로 주님께 경배하게 하여주소서. 또한, 남반구에 있는 형제들과 전 세계에 흩어져 있는 성도들을 기억하시고 그들에게 성령을 부어주셔서 사막 한가운데 있는 주님의 정원에 꽃과 초목이 피어나게 하여주소서. 아버지, 이 아침 저희 모두의 죄를 용서해주시고 저희를 거룩하게 하여 모든 죄의 짐을 벗어버리게 하여주소서. 복음을 전하는 일에 능력을 더하여주시고 진리가 여기 모인 모든 이의 영혼 깊숙이 파고들어 선하고 행복하고 헌신하는 삶을 살아가게 하여주소서. 예수 그리스도의 이름으로 기도합니다. 아멘.

구별됨

너희는 말로 여호와를 지치게 했다. 그런데도 너희는 〈저희가 어떻게 지치게 했습니까?〉라고 한다. 너희는 〈악을 행하는 모든 이를 여호와께서 좋게 보시며 그들을 기뻐하신다. 심판의 하나님이 도대체 어디 계시는가?〉라고 말하며 여호와를 지치게 했다. (말 2:17)

그때 너희는 의인과 악인, 하나님을 섬기는 자와 그렇지 않은 자의 차이를 볼 것이다. (말 3:18)

하나님은 진실로 마음이 깨끗한 자에게 넘치는 선을 베푸신다는 것을 저희가 압니다. 주님은 저희의 세속적인 필요와 영적인 필요를 모두 아시며, 저희를 무덤에서 끌어 올리시며 사망에서 건지시고 눈물을 닦아주시며 넘어지지 않게 붙들어주십니다. 또, 주님의 종들을 말씀에 따라 바르게 인도하십니다. 그 누구도 여수룬의 하나님처럼 풍성히 베푸는 자는 없습니다. 하늘이 땅보다 높은 것처럼, 주님의 생각과 길은 저희의 것보다 훨씬 높습니다. 그러므로 저희 영혼은 주 하나님을 송축하며 주님의 거룩한 이름을 높입니다. 이 아침에 저희는 영혼 깊숙한 곳에서부터 〈여호와를 송축하라〉라고 외치며 해가 뜰 때부터 질 때까지 여호와의 이름을 찬양합니다.

주님께서 베푸신 선에 비하면 저희는 너무도 무가치함을 고백합니다. 저희는 죄악된 세대이며 심지어 아버지 세대보다 더욱 악합니다. 저희는 셀 수 없이 많은 죄를 지었습니다. 그리고 주님의 백성으로 주님의 전에 거하게 된 지금은 저희의 죄를 더욱 민감하게 느끼게 되어 이전보다 더욱 애통해합니다. 교만, 불신, 주님의 섭리를 무시한 성급한 판단, 말씀을 묵상하며 주님의 뜻을 찾으려는 노력이 부족했던 것, 주님의 법을 어기고 온전히 수행하지 못한 것 등 수많은 죄가 저희를 괴롭게 합니다. 하지만 이 모든 죄가 저희를 정죄하지 못한다는 사실로 인해 주님께 감사드립니다. 주님의 손으로 친히 저희를 붙들고 계시므로 누구도 주님의 백성을 정죄할 수 없습니다. 그리스도의 보혈이 저희 죄를 깨끗이 씻기며 그리스도의 의로운 옷이 저희를 감싸기 때문에 저희는 비록 죄인이지만 이제 주님께 사랑받는 자가 되었습니다. 이 모든 사실로 인해 저희는 다시 한 번 주님께 찬송을 올려드립니다. 비록 지금은 주님께 지은 죄 때문에 비천한 심정으로 찬송을 부르지만, 저희가 〈흠도 없고 주름진 것도 없는 모습〉으로 예수 그리스도께 드려질 때는 저희의 찬송 소리가 하늘 높이 울려 퍼질 것입니다.

주님, 이 시간 저희를 향한 주님의 뜻을 묵상하기 원합니다. 주님은 때로 저희 중 일부를 용광로에 집어넣으시기도 하셨습니다. 그럴 때 하나님의 자녀는 주님께서 용광로의 열기로 불순물을 태워 그들을 깨끗하게 제련하신다는 사실을 알고 오히려 하나님께 감사드립니다. 그래서 저희는 어떠한 훈계를 받더라도 아버지의 지혜와 사랑을 찬양할 것입니다. 주님은 저희를 죄 가운데 살도록 내버려 두지 않으십니다. 죄는 용광로의 고통보다 더 나쁜 것이기 때문입니다. 이 세상의 어떠한 시련이라도 죄보다 더 견디기 힘든 것은 없습니다. 죄를 그대로 유지한 채 쾌락을 즐기며 사는 것보다 불에 타는 고통을 느낄지라도 죄의 영향력과 악한 습관에서 벗어나 거룩하고 구별된 삶을 살기 원합니다. 불순물이 혼합된 귀금속이 가치가 떨어지는 것처럼 죄의 불순물은 주님께서 저희에게 베풀어주신 은혜의 광채를 희석시킵니다. 하나님을 기뻐하는 일에서 멀어지게 하는 모든 것을 제거해주소서. 이 세상의 삶이 주님의 백성에게 용광로의 불과 같은 역할을 해야 한다면 그렇게 하여주옵소서. 저희는 주님께서 용광로 앞에 앉아 어떠한 귀금속도 손실되지 않도록 지켜보시는 것을 믿습니다. 오 하나님, 지금 용광로의 시련을 겪고 있는 주님의 자녀를 도와주소서. 그들로 하여금 주님이 곁에서 지켜보며 돌보고 계신다는 사실을 깨닫고 평안을 누리게 하여주소서.

은혜로우신 하나님, 오늘 읽은 말씀에 나온 대로 저희에게도 이루어주셔서 거룩한 사랑으로 주님을 사랑하며 저희 모든 것을 주님께 드리게 하여주소서. 주님께 십일조만 바치는 것이 아니라 저희의 모든 것을 바치게 하여주소서. 저희는 저희 소유가 아니라 주님께서 값으로 사신 것임을 자각하게 하여주소서. 마지못해 억지로가 아니라 진실로 주님께 헌신하게 하여주소서. 이는 주께서 저희를 대신해 죽으셨으므로 이제 저희는 자신을 위해 사는 것이 아니라 저희를 대신해 죽으시고 다시 살아나신 주님을 위해 살아야 하기 때문입니다. (고후 5:15) 저희의 모든 시간과 재능과 소유를 사용해 주님께 영광 돌리게 하여주소서.

주님께 헌신하기 위해 바다를 건너간 주의 종과 50인의 청년에게 주님의 특별한 은혜와 자비를 베풀어주소서. 그들이 불과 물을 지날 때 주께서 보호해주셨습니다. 그들이 먼 나라로 갈 때 그들의 걸음을 지켜주시고 아랍인들을 주님의 나라로 인도하는 그들의 사역을 축복해주옵소서. 오 주님, 가난하고 궁핍한 자들을 돌보는 모든 자를 주님께서 번영하게 하여주소서. 여러 도시의 선교사들과 여러 집을 돌아다니는 전도자들을 축복해주셔서 잘못된 길로 벗어난 여인과 아이들을 옳은 길로 인도하게 하여주소서. 이 도시에 구제하는 자들을 주께서 지켜보시고 그들의 손길을 붙들어주소서. 저희의 오래된 학교들, 특히 주일 학교를 돌보아주셔서 하나님의 교회를 성장시키는 영양분이 되게 하여주소서. 다양한 방식으로 예수 그리스도의 이름을 알리려는 자들을 주님께서 모두 축복해주소서. 저희의 비천한 혀로 그리스도를 전할 때 많은 사람에게 불과 같이 선포하게 하여주시고, 죄인을 예수님께 인도하는 일에 열심을 내게 하여주소서. 오 하나님, 모든 민족이 주님을 찬양하게 하여주소서!

이 도시에서 불법과 부정과 미신이 사라지게 하여주소서. 술주정뱅이와 무지한 자들로 가득한 마을을 구원해주소서. 온 땅이 다시 오실 주님의 밝은 빛을 보게 하여주소서. 예수 그리스도께서 놀라운 능력으로 나타나 모든 왕국이 그분의 손 아래 항복할 때까지 주께서 남극에서 북극까지 온 세상을 통치해주소서.

아버지, 이곳에 있는 사람 중에 아직 하나님을 만나지 못한 자들을 구원해주소서. 비록 그들은 영적인 은사에 전혀 관심이 없으며 그저 호기심으로 하나님의 전에 나아왔을지라도 주님의 거룩한 손길로 그들의 굳은 마음을 만져주셔서 그들로 하여금 하나님께서 가까이 계신 것을 느끼며 그들의 양심이 하나님 나라가 가까이 왔다는 것을 깨닫게 하여주소서. 그들이 주님의 나라를 거부하지 않고 양심의 소리에 의지와 생각과 감정이 굴복하여 그동안 반항했던 마음을 돌이켜 하나님의 통치에 복종하게 하여주소서. 다시 아뢰오니, 모든 민족이 주님을 찬양하게 하여주소서! 오늘 이 모임을 지켜주시고 이곳에 모인 모든 사람이 구원을 받게 하여주소서. 이제 뿌려질 좋은 씨앗이 그들의 마음 밭에 뿌리내려 풍성한 열매를 맺어 주님께 영광 돌리게 하여주소서. 영원히 존귀하고 복되신 우리 주 예수 그리스도의 이름으로 기도합니다. 아멘.

굳게 붙들라

너는 가르침을 굳게 붙잡고 놓지 말며 그것을 잘 지켜라. 이는 그것이 네 생명이기 때문이다. (잠 4:13)

저희 마음이 하나님께 송축하며 찬양합니다. 저희 영혼이 주의 이름을 높입니다. 이는 여호와께서 선하시며 주님의 자비는 영원하기 때문입니다. 오 하나님, 주의 백성이 주께서 베푸신 모든 것으로 인해 주님을 찬양합니다. 저희가 체험한 주님의 선하심 하나하나가 주님을 찬양할 이유가 됩니다. 주님은 주의 종들을 말씀에 따라 선하게 대하셨습니다. 어린 사무엘처럼 저희가 아이였을 때부터 주님의 귀한 말씀을 배우고 익히게 하여주서서 감사합니다. 주님은 광야에서도 변함없는 사랑과 선하심으로 저희를 품으시고 인도하셨으며, 저희 머리가 백발이 될 때까지 항상 저희와 함께하실 것을 믿습니다. 주님의 손으로 행하시는 일은 결코 흔들리지 않습니다. 주님의 자비는 영원하며 저희는 영원토록 주님을 찬양할 것입니다.

오 주님, 저희는 할 수 있는 한 최선을 다해 주님께 매달릴 것입니다. 저희는 〈내 영혼아, 여호와께서 너를 후하게 대하셨으니 너는 주님의 안식으로 돌아가라. 이는 주께서 네 영혼을 사망에서 건지셨고, 눈에서 눈물을 닦으셨으며, 발이 넘어지지 않게 하셨음이라〉(시 116:7~8)라고 고백할 것입니다. 이 아침에 저희가 〈구원의 잔을 들고 여호와의 이름을 부르며, 여호와께 서원한 것을 주님의 모든 백성 앞에서 갚을 것입니다.〉(시 116:13~14) 여호와의 이름을 송축하오니, 이는 저희가 낮아졌을 때 주께서 도우시고, 방황할 때 회복시키시며, 시련을 겪을 때 보호하시고, 주님의 길은 〈기쁨의 길〉이며 〈평강의 길〉이기 때문입니다. 저희는 주님의 증인이 되어 주님은 진실하시다고 증언하며 〈희생 제물을 줄로 제단 뿔에 매어라〉(시 118:27)라고 외칠 것입니다. 이제 저희는 〈몸에 주 예수님의 흔적을 지녔기에〉(갈 6:17) 누구도 저희를 괴롭게 하지 못할 것입니다. 저희는 이제부터 영원토록 주님의 종입니다. 저희의 귀는 주인집의 문기둥에 못이 박혔으며, 따라서 저희는 영원히 주님을 떠나지 않을 것입니다. (출 21:6)

주님, 이 시간 저희의 부르짖는 소리를 들어주소서. 무엇보다 주님의 백성 가운데 주님의 선한 일이 더욱 깊어지도록 은혜 내려주소서. 저희가 죄를 회개하였으나 이 시간 저희의 회개가 더욱 깊어지게 하여주소서! 죄를 두려워하고 가까이하지 않으며 저희 마음이 오직 주님에게만 집중하게 하여주소서. 예수님을 믿으며 주님의 이름을 송축하지만 이 시간 저희의 믿음을 더욱 깊고 강건하게 하여주소서! 주님만이 저희의 모든 것이 되게 하여주옵소서. 다른 어떤 것에도 의존하지 않고 오직 흔들리지 않는 믿음으로 주님 안에 거하게 하여주소서. 그리스도는 결코 실망시키지 않으시며 영원토록 주의 백성에게 구원이 되십니다. 저희가 주님을 사랑하지만 이 시간 더욱 깊이 사랑하게 하여주소서. 주님을 향한 사랑의 불꽃에 휩싸이게 하여주옵소서. 주님을 향한 열정에 사로잡혀 온 마음과 생각과 영과 힘을 다해 주님을 사랑하고 오직 주님만을 위해 헌신하는 삶을 살게 하여주소서.

오 주 예수님, 주님을 더욱 깊이 알게 하여주소서. 저희가 모든 면에서 주님의 형상을 온전히 닮아가게 하여주소서. 야곱이 천사와 씨름을 했던 것처럼 저희도 개인 기도에 온 힘을 다하게 하여주소서. 말씀을 더욱 달고 귀하게 여기며 그것으로 저희의 굶주림과 갈증이 채워지게 하여주소서. 진리를 더욱 명확하게 깨닫고 굳건하게 붙들게 하여주소서. 오 주님, 저희를 가르쳐 저희 안에 있는 소망의 이유를 발견하고 믿음을 굳게 지킬 수 있도록 하여주소서. 저희 마음 밭을 완전히 갈아엎어 주님의 은혜가 깊이 뿌리내려 이제 더 이상 저희가 사는 것이 아니라 저희 안에 계신 그리스도께서 살게 하여주소서.

또한, 저희는 거룩한 삶을 살기 원합니다. 저희의 말과 생각과 행동이 모두 주님께 거룩한 것이 되게 하여주소서. 어떤 사람들은 하나님과 전혀 상관없이 선행을 추구하기도 합니다. 하지만 저희는 그들처럼 행하지 않고 모든 일을 주님에 대해 행하도록 하여주소서. 이는 주께서 〈너는 내 앞에서 행하며 완전하게 되어라〉(창 17:1)라고 말씀하셨기 때문입니다. 오직 하나님만을 주인으로 삼게 하여주시고 하나님의 뜻만을 따르며 하나님만을 기뻐하며 살게 하여주소서. 영광의 주님께 저희의 마음을 드립니다. 이는 마음에서 삶의 모든 것이 나오기 때문입니다.

저희 손을 주님의 도구로 사용해주소서. 저희 마음이 주 우리 하나님에게서 멀어지지 않도록 날마다 경계하게 하여주소서. 어렸을 때 서원했던 것을 죽을 때까지 간직하게 하여주소서. 주님의 거룩한 이름으로 세례받은 날을 기억합니다. 저희가 세상에 대해서 죽고 그리스도와 함께 장사된 자가 되었다고 고백했던 것을 욕되게 하지 않도록 하여주소서. 저희 중에는 어린 시절 하나님께서 저희의 모든 것이 되신다고 고백한 자도 있습니다. 그들이 살면서 연약해질 때마다 이 고백을 생각하며 주님께서 주시는 기쁨을 맛보게 하여주소서. 또한, 지금까지 주님께서 가르쳐주신 것과 베푸신 은혜를 생각하며 〈네가 가진 것을 굳게 붙들어 아무도 네 면류관을 빼앗지 못하게 하라〉(계 3:11)라는 주님의 말씀을 따르게 하여주소서. 여기 있는 형제자매 중에서 주님의 은혜에서 떨어지거나 열매를 맺지 못하는 자가 없게 하여주시고, 〈점점 밝아져 정오의 해처럼〉(잠 4:18) 되게 하여주소서. 저희가 간절히 원하는 바는 저희 삶 전체가 시작부터 끝까지 오직 그리스도의 영광과 그분의 교회를 위해 헌신하는 것입니다.

이 시간 주님께 간절히 바라오니, 주님의 뜻이 이 땅에 이루어지게 하여주소서. 이 문제 때문에 저희 마음이 무거울 때가 많습니다. 어둠과 빛이 혼합된 이 시대에 빛의 세력이 어둠을 이기게 하여주소서! 이 시대에 복음을 알고 굳게 붙잡는 자들이 많이 일어나게 하여주소서. 저희 중에는 실천은 없고 말로만 고백하는 피상적인 신앙을 가진 자들이 너무도 많습니다. 오 주님, 저희의 교회가 나무나 지푸라기가 아니라 귀금속으로 지어지게 하여주소서. 저희로 하여금 복음을 바로 알고 붙잡아 이 시대에 유행하는 오류에 빠지지 않게 하시고, 저희의 삶을 통해 예수님의 복음이 지닌 능력을 증명하게 하여주소서. 그래서 주님의 교회가 세상을 이기게 하여주소서. 오 주님, 전 세계에 있는 주님의 사역자들이 더 많은 영혼의 열매를 거두게 하여주소서. 모든 물가마다 좋은 씨앗을 뿌리며, 잠들어 있지 않게 하여주소서. 저희의 냉담함과 무관심을 용서해주시고, 잠들어 있는 저희의 영혼이 깨어나게 하여주소서. 오 주님, 저희가 온전한 삶을 살도록 도와주소서. 나사로에게 말씀하셨듯이 저희에게도 〈그를 풀어주어 가게 하라〉라고 말씀하시며 저희를 둘러싼 세마포를 풀어주소서. 저희를 죽음과 무기력에서 벗어나 생기가 넘치며 부지런히 하나님을 섬기는 삶을 살게 하여주소서. 주님께 기도하오니, 이 민족을 회심시켜주소서! 이교도의 어둠에 빠진 형제들을 불쌍히 여겨주소서. 그들에게 복음이 전파되게 하여주시며, 전 세계가 그리스도의 사랑으로 정복되게 하여주소서. 주님의 교회를 〈깃발을 든 군대처럼 위엄 있게〉(아 6:10) 하여주소서. 모든 그리스도인이 고대하는 영광의 그 날이 속히 오게 하여주소서.

아버지, 이곳에 있는 사람 중에서 아직 회심하지 않은 자가 있다면 그를 구원해주소서. 이 날이 그들이 구원받는 날이 되게 하여주소서. 단단하게 굳은 마음에 말씀의 씨앗이 심어져 주님께서 바울을 구원하여 땅끝까지 복음을 전하게 하셨던 것처럼 이곳에 있는 구원받지 못한 자들도 오늘 주님께 돌아오게 하여주소서! 주님께 반역하고 죄를 지으면서도 뻔뻔하며 마음이 악으로 가득한 자들을 이 시간 회심시켜 주옵소서! 그들에게 〈내가 이방인에게 내 이름을 전하기 위해 너를 택한 그릇으로 삼았다〉(행 9:15)라고 말씀해주소서. 그들이 주님의 뜻에 불순종하지 못하도록 권능으로 임하여주소서. 주님의 교회에는 그들이 필요합니다. 오늘 그들로 하여금 돌아오게 하여주소서! 그들을 위해 기도하오니 응답하여주소서. 그들을 돌이켜 장차 하나님의 교회를 이끌 지도자로 세워주소서. 그들이 자신의 죄를 깨닫고 그리스도께 매달리게 하여주소서.

주님, 이 나라를 축복해주소서. 이 나라의 통치자와 함께하여 주소서. 모든 왕보다 높으시며 모든 대사보다 위에 계시는 주님, 저희에게 평화를 허락해주소서. 이 가련한 땅은 많은 상처를 받았으니 이제 평화가 임하게 하여주소서. 평화를 얻지 못하여 모든 것이 황폐해졌습니다. 주님, 저흐에게 평화를 보내주소서. 무역과 상업이 다시 활성화되고 거리의 불평이 사라지게 하여주소서. 좋은 기후를 주셔서 흉년이 들지 않게 하여주시고 이 백성을 축복해주소서. 그들로 하여금 풍족한 열매를 거두어 주님을 찬양하게 하여주소서. 죄를 용서해주시고 저희를 용납해주시며 늘 주님의 영광을 위해 살도록 도와주소서. 예수님의 이름으로 기도합니다. 아멘.

믿고 기도하라

> 그 백성이 시온 안에 있는 예루살렘에 거할 것이며, 네가 다시는 울지 않을 것이다. 주께서 네가 부르짖는 소리를 듣고 은혜를 베푸시며 네게 응답하실 것이다. (사 30:19)

오 주 하나님, 주님은 저희의 힘과 소망이십니다. 저희가 주님의 독생자 예수 그리스도를 통해 주님께 나아가며, 저희의 소망이 되신 주님께 감사를 드립니다. 저희는 주님께서 주신 소망을 부끄러워하거나 혼란스러워하지 않을 것입니다. 저희는 그 소망이 진실임을 알며 주님은 결코 흔들리지 않는 시온 산과 같음을 믿습니다.

저희는 주님께서 저희의 무수히 많은 죄를 주님의 등 뒤로 던지실 것을 믿습니다. 또, 비록 수많은 악과 유혹이 둘러싸도 주님께서는 저희를 이끌어 넘어지지 않도록 굳건한 반석 위에 세워주실 것을 믿습니다. 세상의 환난이 닥쳐왔을 때 저희의 믿음은 너무도 연약하지만, 그럼에도 주님은 저희를 버리시지 않을 것을 믿습니다. 주님은 택하신 백성의 힘과 도움이 되십니다. 환난을 겪는 주의 자녀들을 지켜주시는 주님을 찬양합니다. 그들이 불 사이를 지나고 물을 건너고 사람들에게 멸시를 당할 때 주님은 그들을 보호해주셨습니다. 그들의 소망이 낙엽처럼 시들고 그들의 기쁨이 겨울철의 추위로 얼어붙더라도, 결국 다시 새들이 노래하는 따스한 봄이 찾아와 그들은 새 열매를 먹으며 기뻐하고 주님을 높일 것입니다.

오 주님, 이 땅에 여전히 진리가 살아있게 하여주셔서 감사합니다. 비록 어둡고 악한 시기가 있었고 복음을 버리고 배교한 주의 종들이 많이 있었지만, 그래도 주님은 신실한 자들의 부르짖음을 들으시고 촛대를 옮기지 않으셨습니다. 지금도 여전히 이스라엘의 하나님은 주님의 백성을 통치하시며, 성도들은 주님의 이름을 높이고 있습니다.

이 시간 주님께 전심으로 감사드리며 겸손히 구하오니, 저희를 강건하게 하여주시고 주님을 더욱 신뢰하게 하여주소서. 혹시 지금 이곳이나 전 세계에 고통과 우울함으로 인해 믿음이 약해진 주의 종이 있습니까? 주님께 간절히 구하오니, 그들을 굳건하게 하여 믿음이 흔들리지 않게 하여주시고 주님 안에서 완전한 확신을 품고 새 힘을 얻게 하여주소서. 오 하나님, 주님은 저희의 모든 짐을 아시고 아무도 모르게 짓는 한숨 소리를 들으십니다. 저희 중에 어떤 이는 곤경에 휩싸이기도 하고 어떤 이는 실제로 육신의 고통을 겪기도 합니다. 어떤 이는 스스로 낙담하기도 하며 어떤 이는 자기가 사랑하는 것으로 인해 시험에 들어 고통스러워합니다. 하지만 주님, 저희는 이 모든 짐을 주님께 온전히 맡기길 원합니다. 이 아침에 모든 짐을 하나님의 손에 맡기고 잠잠히 기다릴 것입니다. 주님께서 배의 키를 잡고 계시니 저희는 요동하지 않을 것입니다. 주님의 은혜로 저희는 모든 것을 주님 손에 맡기며 안심할 것입니다. 저희가 주님 외에 다른 누구에게 의존할 수 있겠습니까? 저희는 주님께서 반드시 저희를 구원하실 것을 믿고 기쁨의 노래를 부를 것입니다.

주님의 백성을 불신과 피조물에 의존하는 것에서 구원해주소서. 젖을 뗀 어린아이처럼 세상의 모든 것에서 돌아서게 하소서. 그리고 오직 주님을 더욱 찾으며 영원히 주님께 매달리게 하소서. 비록 주님은 저희가 장래의 일을 알지 못하도록 눈을 가리셨지만, 그래도 저희는 모든 것을 저희 유익을 위해 일하게 하시는 주님께서 결코 변하지 않으신다는 사실을 알고 기뻐합니다. 때로는 주께서 저희로 하여금 큰 환난을 겪게 하시기도 하지만, 그럴 때라도 주님은 언제나 저희와 함께하신다는 것을 믿습니다. 박해와 유혹의 불길 사이로 지나가더라도 저희는 주님이 함께하시므로 결코 불에 타지 않을 것입니다.

어쩌면 주님의 영원한 목적을 위해 이 땅에서의 저희 삶이 짧을 수도 있습니다. 그러면 저희는 주님의 얼굴을 더욱 일찍 뵙고 영원한 기쁨의 샘물을 마실 것입니다. 반대로 이 땅에서 백발이 될 때까지 오래 머무르도록 허락하실 수도 있습니다. 그럴 때는 저희 믿음이 변치 않으며 소망을 잃지 않고 마지막 날까지 기력이 쇠하지 않도록 지켜주소서.

오 신실하신 창조주 하나님, 손에 못 자국이 있는 예수님, 영원하신 성령님, 저희를 넘어지지 않도록 붙들어주시고 거룩한 빛의 성도가 되도록 성화시켜주옵소서. 오 하나님, 주님을 신뢰합니다. 세월이 지날수록 저희의 믿음은 더욱 굳건해집니다. 나이를 먹을수록 하나님을 의지하는 것이 저희의 행복이며 힘이라는 사실을 깨닫습니다. 믿음을 통해 저희는 산을 들어 바다에 빠지게 할 수도 있습니다. 하나님께서 영원히 저희와 함께 거하시며 주님의 언약은 변함이 없기에 저희는 결코 두려워하지 않을 것입니다.

오늘 이 시간 사람들이 주님을 의지하게 하여주소서. 모든 모임 가운데 주께서 임하시어 사람들이 주님께 나아와 생명을 얻게 하여주소서. 오늘 아침 이곳에 모인 자 중에서 한 명이라도 주님을 믿지 않고 돌아가는 사람이 없게 하여주소서. 그들이 한 번도 믿음에 관해 들어본 적이 없고 지금까지 영적인 일에 무관심했다면, 이 아침에 그들이 진리를 바로 깨닫고 그 반석 위에 인생의 집을 짓게 하여주소서. 주님, 이곳에 앉아 있는 자 중에는 모래 위에 집을 짓는 자처럼 자신의 부와 재능과 지위를 의지하는 사람이 많은 줄 압니다. 그들이 오늘 오직 영원하신 하나님 외에는 다른 어떤 것도 의지가 되지 않는다는 사실을 깨닫고 그리스도를 통해 아버지께 나아오게 하여주소서. 많은 사람이 마음의 방황을 끝내고 그리스도의 발 앞에 잠잠히 앉아 하나님께서 베푸시는 구원을 보게 하여주소서.

하나님, 이 나라를 축복해주옵소서! 이 땅에 믿는 자의 수가 증가하게 하여주소서. 이 나라를 지켜주소서. 통치자들이 나라를 올바르게 다스리도록 지도해주소서. 평화가 지속하며 하나님의 위대한 뜻이 성취되며 자유와 복음이 널리 퍼지게 하여주소서. 오 하나님, 세상의 악을 잠잠하게 하여주시길 간절히 바랍니다. 모든 계층의 사람이 이웃의 일을 자기 일처럼 돌아보고 모든 나라가 그리스도의 통치 아래 굴복하며 수많은 민족이 하나가 되게 하여주소서. 전능하신 하나님, 속히 오셔서 이 땅을 다스려주소서.

주님께서 명령하신 것처럼 저희가 위정자들을 위해 기도합니다. 특별히 이 나라의 통치자를 축복하여주소서. 또한, 다른 나라를 위해서도 기도합니다. 특별히 저희와 같은 언어를 사용하며 하나님을 경배하는 이웃 나라를 축복하여주소서. 환난 가운데 있는 형제들을 보살펴주시고 질병에 걸린 자들의 아픔을 치유하여 주옵소서. 주님을 신뢰하는 모든 자에게 은혜 내려주시고 그들이 암울한 시기에 있을 때 더욱 주님을 의지하게 하여주소서. 유일하신 이스라엘의 하나님, 전 세계가 아버지와 아들과 성령께 영광 돌리게 하여주소서. 아멘.

왕과 제사장

> 그가 여호와의 성전을 건축하며 영광을 얻고 보좌에 앉아 다스릴 것이다. 또, 그는 보좌에 앉은 제사장이 될 것이며 둘이서 평화를 논할 것이다. (슥 6:13)

영광의 하나님, 주님을 경배하는 것이 저희가 존재하는 최고의 목적입니다. 저희에게 생명과 모든 선한 것을 주신 하나님을 경배하고 높이는 일은 저희 인생의 영광스러운 면류관과 같습니다. 주님을 경배하고 나면 저희는 마치 목욕을 한 것처럼 씻김과 위로와 축복과 천상의 기쁨으로 충만해집니다. 이 시간 주님을 경배할 때 성령의 능력으로 충만하게 하여주소서. 성령의 숨결을 불어 저희로 하여금 세상일은 모두 잊고 오직 하나님과 천국의 삶만 생각하게 하여주소서.

성부와 성자와 성령 하나님, 저희의 모든 심령으로 하나님을 섬기길 원합니다. 주님의 위대함을 보고 저희가 놀라서 두려워 떨지 않도록 예수 그리스도께서 인간의 모습으로 저희에게 오셨으며, 그래서 저희는 아버지를 향한 사랑과 거룩한 담대함으로 주님께 가까이 나아갈 수 있게 되었습니다. 한때 주님과 저희 사이에는 깊은 골짜기가 가로막고 있었지만, 주님은 그 골짜기에 다리를 놓으셨습니다. 이제 지극히 높으신 분의 아들인 주 예수 그리스도께서 저희의 형제가 되었습니다. 진정한 인간이면서 동시에 하나님이시며, 진리를 해석하는 분이시며, 인간과 하나님의 중재자이신 그리스도께서 그분의 손을 저희에게 내미셨습니다. 저희는 그리스도 안에서 큰 기쁨을 누리며, 주님도 그리스도 안에서 즐거워하십니다. 저희는 그리스도께 영광 돌리기를 갈망하며, 주님은 독생자가 영광 받는 것을 기뻐하십니다. 저희는 그리스도를 높이길 원하며, 주님은 그를 〈모든 통치와 권세와 이름 위에 뛰어나게〉(엡 1:21) 하셨습니다.

오늘 이 시간 주님께 기도하오니, 〈저희의 방패이신 하나님, 주께서 기름 부으신 자의 얼굴을 돌아보시고〉(시 84:9) 저희가 방패 뒤에 숨듯이 주님을 피난처로 삼게 하소서. 예수 그리스도의 얼굴에 드러나는 하나님의 영광이 무가치한 저희에게 비치게 하여주소서. 오 주님, 저희가 아버지와 아들과 성령께 온 마음을 다해 경배와 찬양을 드립니다. 온 성도가 보좌에 앉으신 하나님의 어린양께 모든 것을 드려 경외합니다. 비록 저희에게 금과 은으로 된 면류관은 없지만, 주께서 은혜로 베풀어주신 것들을 기꺼이 주님 발 앞에 내려놓습니다. 주님의 소유가 풍성해질 때 저희도 기쁨과 만족을 느낍니다. 저희는 다른 것에 한눈팔지 않고 오직 예수님만 위해 살기를 원합니다. 그리스도께서 저희의 모든 것이 되신 것처럼, 저희의 모든 것도 그리스도의 소유가 되게 하여주소서.

이 시간 대제사장이신 예수 그리스도의 이름으로 하나님의 보좌 앞에 나아갑니다. 무엇보다 그리스도의 보혈로 저희의 죄를 깨끗이 씻겨주소서. 저희 중에는 이미 하나님께 용서받은 자들도 있지만, 날마다 보혈의 샘에서 새롭게 씻겨지길 원합니다. 또, 아직 하나님께 용서받지 못한 자들도 있습니다. 그들이 죄의 짐에 눌려 주님께 부르짖을 때 그들의 죄를 용서해주시고 위로를 얻게 하여주소서.

또한, 저희의 불의를 없애주시길 원합니다. 주님, 저희 안에 있는 죄의 권세를 정복해주소서. 저희에게 죄를 이길 능력을 주소서. 육신의 정욕과 마음의 욕망에 굴복하지 않고 몸과 마음을 잘 다스릴 수 있게 하여주소서. 그리스도께서 저희의 심령을 다스려주셔서 저희가 그리스도 안에서 진정한 자유를 누리게 하여주소서. 저희를 거룩하게 하여주셔서 말로만이 아니라 행실로써 저희 모든 것이 주님의 소유가 되게 하여주소서. 주님, 저희가 성령의 열매를 풍성히 맺어 하나님께 영광 돌릴 수 있도록 도와주소서. 날마다 저희의 성품이 아름답게 변화되도록 하여주소서. 그리스도의 완전한 성품을 온전히 닮게 하여주소서.

오 주님, 저희를 천국에 합당한 자로 가꾸어주소서. 저희가 속히 천국에 가기를 갈망합니다. 천국의 진주 문을 보고 저희를 위해 차려진 음식을 맛보며 에스골의 포도를 먹기 원합니다. 하지만 저희는 아직 천국에 합당하지 않습니다. 오 성령님, 저희가 사랑하는 주님의 얼굴을 뵐 수 있도록 천국에 합당한 자로 변화시켜주소서.

하지만 주님, 아직 모든 거룩한 자를 천국으로 데려가시지 말고 이 땅에 주님의 교회를 세울 일꾼들을 남겨두소서. 그래서 그들이 약한 자를 돌보고 광야에서 길을 안내하는 역할을 감당하게 하소서. 그들을 주님의 말씀으로 가르치시고 성령으로 충만하게 하셨으니, 그들을 천국으로 일찍 데려가지 마시고 저희를 위해 이 땅에 남겨주소서. 비록 그리스도께서는 〈아버지, 아버지께서 제게 주신 자들도 제가 있는 곳에 함께 있게 하여주소서〉(요 17:24)라고 기도하셨지만, 지금은 많은 성도가 이 땅에 저희와 함께 있기를 원합니다. 하지만 주 예수님, 주께서 원하신다면 언제라도 저희를 데려가 주옵소서.

이 시간 하나님의 보좌 앞에 담대히 나아가 겸손히 구하오니, 이 나라를 축복해주소서. 죄로 가득하며 평화의 길에서 벗어나 피와 헛된 영광을 추구하는 이 나라를 굽어 살펴주소서. 오 주님, 이 나라가 다시 바른길로 가도록 인도해주소서. 이 나라를 환난 가운데서 구해주시고 하나님 발 앞에 엎드려 회개하게 하여주소서. 그리스도인의 수가 많아져서 혼란스러운 세상에 조금이라도 선한 영향을 미치게 하여주소서. 썩어가는 세상에서 소금의 역할을 감당하게 하여주소서.

저희에게 진리와 의와 경건과 평강과 다른 모든 천상의 덕목을 실천하도록 능력을 주시고, 이 땅이 교황의 저주에서 벗어나게 하여주소서. 또한, 합리주의와 의식주의에서도 벗어나도록 도와주시고 오직 예수님의 진리만 널리 퍼져 〈물이 바다를 덮은 것 같이 하나님의 영광을 아는 지식이 온 땅에 가득하게〉(합 2:14) 하여주소서. 다른 민족과 나라에 있는 교회 역시 축복해주소서. 다양한 언어를 사용하는 성도들을 기억해주시고, 특히 여기저기 흩어져 있는 저희 민족을 보살펴주소서. 주님의 백성이 모두 생기와 활력이 넘치게 하여주시고, 이 교회가 선교의 사명으로 더욱 충만하여 해외에 수많은 하나님의 전을 세우게 하여주소서.

오 주님, 주님의 그림자를 저희에게 드리워주소서. 나사렛 예수시여, 이 시간 이곳에 임하여주소서. 성령님이여, 이 시간 저희에게 임하여주소서. 거룩한 아버지시여, 이 시간 주님의 자녀들을 돌아보시고 이곳을 영광으로 채워주소서. 사랑하는 예수님의 이름으로 기도합니다. 아멘.

하나님을 신뢰하지 않는 죄

여호와께서 모세에게 말씀하셨다. 〈이 백성이 언제까지 나를 멸시하겠느냐? 내가 그들 가운데 행한 모든 이적을 보고도 그들이 언제까지 나를 믿지 않겠느냐?〉(민 14:11)

아버지, 하나님을 〈하늘에 계신 우리 아버지〉라고 친숙하게 부를 수 있게 해주신 은혜와 사랑에 감사드립니다. 주님의 이름이 거룩하게 여겨지게 하소서. 온 세상이 주님의 이름을 경외하게 하소서. 저희가 주님의 이름을 부를 때 그것에 담긴 영광스러운 성품을 두렵고 떨린 마음으로 묵상하며 겸손하게 하여주소서. 이 아침에 저희는 예수 그리스도를 통해 거룩한 기쁨과 자신감을 안고 주님 앞에 나아갑니다. 주님은 부지런히 주님을 찾는 자에게 상 주시는 분임을 저희가 믿습니다.

영광스러운 여호와 하나님, 아브라함과 이삭과 야곱의 하나님, 주님은 결코 변함이 없으십니다. 주님은 여전히 언약의 하나님이며 주님의 백성과 맺으신 언약을 반드시 지키시는 분입니다. 주님의 말씀은 한 글자도 헛되이 땅에 떨어지는 법이 없습니다. 주님의 약속은 예수 그리스도 안에서 항상 아멘이며, 일점일획도 어김없이 전부 성취될 것을 믿습니다. 인간의 말은 헛되이 땅에 떨어질 때가 많지만 주님의 말씀은 결코 그렇지 않습니다. 주님께서 행하시겠다고 말씀하시지 않았습니까? 주님께서 명령한 것이 이루어지지 않고 넘어갈 리가 있겠습니까? 하지만 부끄럽게도 저희는 주님을 의심할 때가 많음을 고백합니다. 저희는 무신론자처럼 마치 하나님께서 안 계신 듯이 행동할 때가 많습니다.

주님, 생명에서 떠나 사망 가운데 살았던 저희를 용서해주소서. 오직 주님만이 모든 것임에도 불구하고 저희는 주님을 떠나 세상에서 그림자와 같은 것을 추구하며 헛된 세월을 보냈습니다. 사망의 골짜기를 지나며 괴로운 삶을 살려고 했던 것을 회개하오니 주님의 은혜로 용서해주옵소서. 이제는 저희 영혼이 오직 예수님만을 의지하길 원합니다. 성육신하신 하나님만이 저희가 이전 삶에서 벗어나 용서받고 용납될 수 있는 유일한 희망입니다.

하지만 주님, 저희는 회심한 이후에도 불신을 품을 때가 너무도 많습니다. 그런 저희에게 주님은 광야의 이스라엘 백성에게 말씀하셨던 것처럼 〈이 백성이 언제까지 나를 멸시하겠느냐? 내가 그들 가운데 행한 모든 이적을 보고도 그들이 언제까지 나를 믿지 않겠느냐?〉라고 하십니다. 오 하나님, 지금까지 주님은 저희에게 매우 신실하셨습니다. 주님은 결코 약속을 어기신 적이 없으십니다. 은을 제련하는 것처럼 저희를 연단하실 때도 주님은 항상 신실하셨습니다. 저희가 밑바닥까지 낮아졌을 때도 주님의 손이 언제나 저희를 떠받치고 있었습니다. 저희가 광야를 헤맬 때도 주님은 저희의 원수들 눈앞에서 음식상을 차려주셨습니다. 저희가 약할 때 주님의 사랑으로 완전하게 하셨습니다. 주님은 선하고 진실하고 은혜롭고 사랑이 많으시며, 그로 인해 저희는 영원토록 주님을 찬양할 것입니다.

이 시간 저희의 죄를 지워 없애주소서. 저희의 불신을 용서해주시고 예수님의 보혈로 저희의 양심을 깨끗이 씻겨주소서. 그리하여 더 이상 수심이 가득한 얼굴을 하지 않고 아무런 의심도 없이 온전히 기뻐하며 살게 하여주소서. 또한, 저희가 주님의 뜻에 온전히 복종하고 주님의 법을 기뻐하며 주께서 행하시는 모든 일이 선하다는 것을 깨닫게 하여주소서. 저희의 모든 걱정을 주님 손에 맡길 수 있도록 도와주소서. 주님은 악을 선으로 바꾸시며 주님을 신뢰하는 자에게 완전한 기쁨을 주시는 줄 믿습니다.

이 아침에 주의 종 가운데 큰 시련을 겪는 자가 있다면, 그것이 무엇이든 그들의 믿음이 약해지지 않도록 도와주소서. 하나님을 의심하지 않게 하여주소서. 주님을 신뢰하지 못하게 하는 마귀의 시험에 넘어가지 않고 언제나 주님을 신뢰하며 주님께 영광 돌릴 수 있도록 지켜주소서. 시련을 겪을 때 오히려 그것을 하나님께 영광 돌리는 기회로 여기게 하여주소서. 약속을 의심하지 않고 신뢰하는 여기 모인 주의 모든 백성에게 축복을 내려주소서.

오 하나님, 오늘 이곳에 모인 자 중에 아직 주님을 믿지 않고 성경의 권위를 인정하지 않으며 그리스도께 나아오지 않은 사람이 있다면 그에게 자비를 베풀어주소서. 그는 이미 하나님의 아들을 믿지 않음으로 정죄되었습니다. 그를 이 큰 죄에서 구원해주셔서 바로 이 시간에 그가 자신의 무력함을 깨닫고 저희의 도움이 되시는 주님께 온전히 의지하게 하여주소서. 그들이 이 아침에 믿음을 가지고 새로운 삶을 살게 하여주시고, 그에게 안식과 능력과 거룩함을 주시옵소서. 오 주님, 저희의 회심하지 않은 친구와 이웃을 구원해주소서. 그들에게서 하나님과 그리스도를 믿지 못하게 하는 끔찍한 굴레를 벗겨주소서. 그리고 시험에 들어 불신을 품게 된 주의 자녀들도 기억해주소서. 그들이 다시 눈물을 흘리며 영원히 복되신 아버지 품으로 돌아와 강 같은 평화와 바다 같은 의를 누리게 하여주소서.

하나님, 이 사랑스러운 교회를 축복해주소서! 기도와 설교와 교회가 하는 모든 일에 믿음을 더하여주소서. 믿음이 없이는 아무것도 바로 서지 못하며 어떠한 열매도 맺지 못한다는 것을 저희가 압니다. 주님께서 〈네 믿음대로 될지어다〉라고 말씀하신 것처럼 저희에게 믿음을 더하여주소서. 비록 저희가 연약할지라도 힘주시는 야곱의 하나님에 의해 강건해질 것을 믿고 모든 교인이 어린아이와 같이 하나님만 바라보며 전진하게 하여주소서.

이 아침에 저희 모두를 축복하셔서 저희의 삶이 더욱 거룩하고 경건해지게 하여주소서. 의심과 두려움의 안개를 벗어나 그리스도의 품에 안겨 영원한 안식을 누리게 하여주소서. 주님은 거짓말하시지 않으며 주님의 뜻은 결코 변경되지 않는 것을 믿습니다. 오 하나님, 이 교회 전체에 이런 믿음을 허락해주소서. 하나님의 나라가 임하실 것과 모든 육체가 하나님의 영광을 보게 될 것을 믿습니다. 예수님의 보혈을 통해 저희의 이 기도를 들어주시고 소나기처럼 축복을 부어주소서. 성부와 성자와 성령께 영원토록 영광이 있을 것입니다. 아멘.

발을 씻기심

예수님은 아버지께서 모든 것을 자기 손에 맡기신 것과 자신이 하나님에게서 왔으며 하나님께 돌아갈 것을 아시고, 만찬 자리에서 일어나 겉옷을 벗고 수건을 취해 허리에 두르셨다. 그 후에 대야에 물을 담아 제자들의 발을 씻기시고 허리에 두른 수건으로 닦기 시작하셨다. (요 13:3~5)

오 여호와 우리 하나님, 주님은 저희를 사랑하셔서 모든 성도를 예수님께 맡기셨으며, 예수님을 그들의 지도자이자 통치자이자 배우자가 되게 하셨습니다. 또한, 주님은 저희가 주의 교회와 그리스도의 일을 위해 부르짖는 소리를 기뻐하시며, 그들에게 하늘에 쌓아놓은 약속된 보화를 주실 것입니다. 그래서 저희는 이 아침에 주님께서 심고 가꾸신 이 포도밭에 친히 찾아와 보살펴주시길 간절히 기도합니다. 주님의 거룩한 시온 성을 살피시고, 창세 전부터 택하시고 그리스도의 보혈로 속죄하여 주님의 소유로 삼으신 자들을 돌보아주소서.

거룩하신 아버지, 주님의 백성을 지켜주소서. 저희는 비록 세상에 있지만, 세상에 속한 자가 아니라 세상과 구별된 자가 되게 하여주소서. 그리스도께서 〈거룩하고 흠 없고 더러움이 없고 죄인과 구별되신〉(히 7:26) 것처럼 저희도 그렇게 하여주소서. 낯선 이의 목소리에 귀 기울이지 않고 무리에서 나와 선한 목자이신 그리스도만 따르게 하여주소서.

이 아침에 주님께 부르짖나니, 이 세상에서 주님의 교회가 순결하도록 보호해주소서. 악이 저희에게 손대지 못하도록 항상 지켜주소서. 마귀에게 시험을 받더라도 넘어지지 않게 도와주소서. 사냥꾼의 덫을 피한 새처럼 수많은 마귀의 올무에서 저희를 구원하여주소서. 주님의 교회가 불명예스러운 일을 겪지 않도록 지켜주시고 흰옷을 입은 자처럼 항상 순결하게 하여주소서. 교회를 망치려고 숨어드는 자들에게서 지켜주소서. 그리스도시여, 유다를 꾸짖으신 것처럼 잘못된 길로 벗어나 이 땅에서 그리스도의 명예를 훼손하려는 자들을 꾸짖어주소서. 오 하나님, 주님의 날개로 모든 그리스도의 백성을 덮어주시고 제자들을 끝까지 사랑하셨던 그리스도께서 다시 오실 그 날까지 주님의 교회를 보호해주소서.

주님께서 저희 모든 죄를 단번에 씻기셨음을 믿사오니, 이 아침에는 저희의 발을 씻겨주시길 원합니다. 저희를 거듭남의 물로 씻기신 것처럼 저희 마음도 예수 그리스도로 새롭게 하여주소서. 저희를 날마다 정결하게 하여주소서! 저희의 모든 잘못을 주님께서 아시오니 그것을 씻겨주시고, 저희의 모든 결함을 완전하게 하여 예수 그리스도 안에서 저희를 새롭게 하신 하나님께 영광 돌리게 하여주소서. 반대로 저희에게 너무 과한 것이 있어서 그리스도의 형상을 온전히 닮지 못하게 방해한다면 그것을 모두 제거해주소서. 오 주님, 예전에 제자들의 발을 씻기신 것처럼 저희의 허물을 참아주시고 주님의 놀라운 사역이 완성되는 그 날까지 저희와 함께하여주소서.

은혜가 넘치시는 주님, 저희가 자기를 위해 사는 것이 아니라 모든 면에서 주님의 영광과 이웃의 유익을 위해 살기 원합니다. 주님께서 자기를 버려 다른 사람들을 구원하신 것처럼, 저희도 그렇게 살게 하여주소서. 특별히 육신의 감정과 정욕을 극복하게 하여주소서. 육신의 욕망에 사로잡혀 명예와 정결함을 잃어버리는 일이 없도록 하여주소서. 세상에 사로잡혀 저희 안에 계신 성령님을 근심하게 하는 일이 없도록 하여주소서. 아무리 큰 고통을 겪더라도 쉽사리 마음이 흔들리지 않게 하여주소서. 죽음의 공포가 엄습할 때도 성령님께서 저희를 지배해주소서. 거듭난 자는 예수 그리스도 안에서 영원한 생명을 누리기 때문에 어떠한 것도 그를 상하게 할 수 없음을 믿습니다.

사람들이 저희를 칭찬하거나 비난하는 것에 예민하게 반응하지 않게 하여주소서. 하나님께 인정받고 저희 양심에 거리낌이 없다면 그것으로 만족하게 하소서. 사람들이 저희에 대해 부당한 트집을 잡거나 와전된 이야기를 할지라도 자족할 수 있게 하여주소서. 저희가 사랑하는 자들이 저희를 사랑하지 않더라도 그들에 대한 사랑을 거두지 않게 하소서. 그들이 실수로 저희를 부당하게 취급하더라도 그들에게 악감정을 품지 않게 하여주시고, 저희는 절대 다른 사람을 부당하게 취급하지 않도록 도와주소서. 어떤 일이든 저희 멋대로 판단하지 않게 하여주시고, 어린아이처럼 장래의 일을 이해하지 못하더라도 믿고 만족하게 하여주소서. 저희로 하여금 항상 겸손하며 주님께 의존하고 늘 기뻐하게 하여주소서. 젖을 뗀 아이처럼 얌전하면서도 활기가 넘치게 하여주소서.

구세주시여, 저희로 하여금 주님을 더욱 닮게 하여주소서. 주님께서 저희를 바르게 세우실 때 저희가 비로소 바르게 될 수 있습니다. 저희도 예수님을 닮아 온전히 거룩하게 살게 하여주소서. 저희의 내면 뿐 아니라 말과 행동까지 거룩하게 하여주소서. 저희로 하여금 주님께 속한 자가 되게 하여주소서. 주님께서 자기 소유된 자를 사랑하셨다는 사실을 말씀을 통해 알 수 있습니다. 저희에게 소망이 있는 것도 저희가 주님의 소유이기 때문입니다. 주님께서 저희를 가치 있는 존재로 만드실 것을 믿습니다. 주님의 소유가 되었을 때 비로소 저희는 온전한 소망을 가질 수 있습니다. 주께서 저희의 발을 씻기신 것도 저희가 주님의 소유이기 때문입니다. 주님께 처음 받은 은혜가 어찌나 감미로운지 모릅니다. 그때부터 지금까지 주님은 저희를 그리스도의 소유로서 부드럽게 대해주셨으며, 그로 인해 저희는 주님의 소유란 것을 확실히 알게 하셨습니다.

이제 이 아침에 주님의 성도들이 받는 시련과 고난을 위해 기도합니다. 어떤 이는 개인적인 일로, 어떤 이는 소중한 친구 때문에, 어떤 이는 재산 문제로, 어떤 이는 질병으로 고통을 받고 있습니다. 주님, 저희는 주의 백성이 받는 시련에 대해 잘 알지 못하나 주님은 모든 일을 아시는 줄 믿습니다. 주님은 저희의 머리이시므로 저희가 받는 고통을 주님께서도 아시오니 주님의 백성을 마지막까지 도와주소서.

이 나라의 모든 교회를 축복하시고 안식일을 거룩하게 하여주소서. 그리스도가 전파된 다른 모든 나라에서 오직 주님만이 예배를 받아주시고, 이교도의 세력이 쇠퇴하고 일곱 언덕 위에 앉은 음녀가 맷돌처럼 바다에 던져지게 하소서. (계 18:21) 오직 영원하신 하나님의 복음만이 온 땅에 가득하며 모든 영광이 하나님께 돌려지게 하소서. 그 날이 속히 오게 하여주소서!

주님, 이 나라를 축복해주시고 고난을 겪는 모든 자를 불쌍히 여겨주소서. 이 나라의 지도자에게 은혜와 축복을 베풀어주시고, 변화무쌍한 무역 관계에서 분쟁을 잘 해결하도록 지혜를 허락해주소서. 또한, 이 나라의 백성들이 주님의 손길을 깨닫고 잘못된 길에서 돌아서서 의와 평화를 추구하게 하소서. 사랑하는 이 나라에 다시 주님의 빛을 비춰주소서. 예수님의 이름으로 기도합니다. 아멘.

그리스도를 바라봄

모세가 광야에서 뱀을 들어 올린 것처럼, 그렇게 〈사람의 아들〉도 들려야만 하며, 그래서 그를 믿는 자마다 멸망하지 않고 영원한 생명을 얻게 하려는 것이다. (요 3:14~15)

아버지, 저희가 이 아침에 예수 그리스도 안에서 다시금 아버지께 나아가길 원합니다. 저희 중 많은 이들이 처음으로 주님을 만나 그리스도 안에서 율법이 성취되고 진노에서 벗어나며 사망이 힘을 잃고 죄가 용서되며 저희의 영혼이 구원받았던 때를 돌아보면서 기뻐합니다. 그때는 저희에게 매우 행복하고 복된 시간이었습니다. 어떠한 태양 빛도 주님께서 비추시는 의의 태양보다 밝을 수는 없을 것입니다. 그로부터 지금까지 많은 세월이 흘렀지만 하루하루가 하나님의 신실하심을 증거하는 나날이었습니다. 저희는 날마다 정결케 하는 예수님의 보혈의 능력을 체험하며 성령님의 가르치심과 인도하심을 통해 거룩해집니다. 이제 저희에게는 집을 세우기 위해 다른 반석이 필요하지 않습니다. 또, 다른 소망이나 꿈도 필요 없으며 오직 주님께서 주신 복음만이 저희의 피난처이며 영혼의 닻입니다.

하지만 주님, 저희는 이 아침에 다시금 예수 그리스도께 매달리기 원합니다. 저희는 스스로 깨닫지 못하는 죄까지도 주님의 거룩하고 순결한 눈에는 매우 큰 흠으로 보입니다. 그래서 저희는 잃어버린 죄인으로서 예수님께 나아가 저희를 위해 십자가에 달리신 그리스도를 믿음으로 바라보기 원합니다. 주님은 저희 마음의 진실함을 아십니다. 주님, 저희가 믿사오니 저희의 믿음 없는 것을 도와주소서. 저희의 소망은 오직 저희를 의롭게 하려고 속죄 제물이 되시고 죽음에서 부활하여 영광 중에 들어가신 그리스도께 있음을 다시 한번 고백합니다. 오 주님, 혹시라도 저희가 주님을 의지하지 않고 저희의 지식이나 경험, 노력 등을 의지하였다면 그런 더러운 넝마와 같은 것은 모두 버리고 오직 주님만 의존하게 하여주소서.

오직 예수! 오직 예수! 저희의 영혼은 오직 예수님 안에서만 쉼을 얻을 수 있습니다. 이미 주님께서 완성하신 구속 사역에 저희가 무언가를 더하려 하지 않게 하여주소서. 이제 저희에게는 어떠한 정죄도 없다는 사실을 믿습니다. 그리스도께서 저희를 완전히 씻기셨고, 그리스도의 충만한 의가 저희에게 주입되었으며, 그리스도께서 저희에게 영원한 생명을 주셨고, 이제 저희와 그리스도는 연합되어 절대로 끊을 수 없는 관계가 되었습니다. 저희는 육신을 의존하지 않고 오직 예수 그리스도 안에서 기쁨을 누립니다. 주님은 저희 마음에 〈하나님의 충만함으로 가득하라〉라는 말씀을 새기셨습니다. 주님은 저희의 모든 것이 되셨고 저희는 주님의 소유가 되었으므로 이제 저희에게 더 이상 부족한 것이 없습니다.

주님, 여기에 모인 모든 자가 오직 예수 그리스도 한 분만을 바라볼 수 있도록 도와주소서. 혹시 이 중에 실족하여 자기에게 진실로 예수님에 대한 믿음이 있는지 고민하는 자가 있다면 지금 이 시간 그에게 믿음을 허락하여 주옵소서. 그들로 하여금 과거는 잊고 구원을 베푸시는 하나님께 나아오게 하여주소서. 베드로가 죄를 짓고 슬피 울었어도 다시 주님께 나아왔던 것처럼, 길을 잃고 방황하는 자들이 주님께 부르짖으며 주님의 거룩한 전을 바라볼 때 그들에게 다시 영원한 생명수가 흘러 들어가게 하여주소서. 그들이 과거에 어떠한 잘못을 저질렀든지 아버지 집으로 돌아온 탕자처럼 다시 회복되어 주님의 만찬에 참여하게 하여주소서.

또, 이곳에는 사탄의 공격과 유혹에 시달려 무엇을 해야 할지 모르는 자들도 있습니다. 그들에게 그리스도를 온전히 신뢰할 수 있는 지혜를 허락해주소서. 그들이 아무것도 할 수 없다고 느낄 때 영원한 연인이 되시는 주님의 품어 안기게 하여주소서. 주님은 한계에 도달하여 아무런 소망도 없이 절망을 느끼는 주님의 종에게 도움을 주시는 분이십니다. 그들이 예수님의 팔에 안겨 사망에서 생명으로 옮겨지는 은혜를 누리게 하여주소서.

이곳에 있는 사람 중에서 아직 한 번도 예수님을 믿어본 적이 없는 자들을 불쌍히 여겨주소서. 오 전능하신 하나님의 독생자시여, 영원한 연인이시여, 저희는 비록 주님의 얼굴을 뵌 적은 없지만 주님을 믿고 의지합니다. 이 아침에 주님의 보혈이 묻은 화살로 여기 모인 자들의 마음을 꿰뚫어 그들로 하여금 자신의 죄를 자각하게 하여주시고 죄책감 때문에 절망에 사로잡혀 결국 상처를 치료하시는 주님의 손을 붙잡을 수밖에 없도록 하여주소서. 그래서 그들로 하여금 소망을 품고 생명을 얻게 하여주소서. 그들이 하나님께 기름부음을 받고 천국에서 가장 높은 자리에 앉으신 주님을 바라보게 하여주소서. 주님은 이 땅에 계실 때도 죄인들과 함께 앉으셨으며 지금도 주님께 나아오는 죄인들을 기꺼이 받아주시고 생명을 주시는 줄 믿습니다. 지금 이 아침에 기도를 드리는 중에도 많은 자가 회심하고 주님께 나아가기를 간절히 바랍니다. 예수 그리스도께서 높이 들리실 때 많은 사람이 주님을 바라보고 뱀에 물린 상처가 치유되게 하여주소서. 주님은 저희의 기도 소리에 귀 기울이신다고 말씀하셨습니다. 이것은 주님의 뜻에 합당하며 주님의 독생자를 영화롭게 하는 기도이므로 저희의 기도가 헛되이 돌아오지 않을 것을 믿습니다. 오늘 아침 복음이 선포될 때 많은 사람이 믿고 이 교회가 부흥되게 하여주소서.

또한, 다른 모든 교회와 예수님을 전하는 모든 사역자에게도 동일한 축복을 내려주시길 기도합니다. 전 세계에 경건함이 널리 부흥하게 하여주소서. 이 재앙과 같은 시대가 오히려 주님의 자녀들에게는 하나님께 더욱 가까이 나아가는 동기가 되게 하여주소서. 그들을 세속적인 풍조에서 벗어나 거룩하게 구별된 자가 되게 하여주시고, 비록 세상에 대해서는 가난할지라도 하나님에 대해서는 부하게 하여주소서. 하나님, 이 나라를 축복해주소서. 성령으로 더욱 충만하게 하여주시고 많은 자가 그리스도께 돌아오게 하여주소서. 마찬가지로 다른 모든 나라도 동일한 축복을 내려주셔서 모든 세대가 주님께 찬양과 경배를 드리게 하여주소서.

이 시간에는 특별히 젊은 세대를 위해 기도하기 원합니다. 저희의 주일 학교를 축복해주소서. 아이들을 훌륭한 예수님의 양으로 양육할 수 있도록 교사들에게 지혜와 능력을 주시옵소서. 오늘 드린 모든 기도에 응답하여주시고 주님을 위해 자기를 부인하는 형제와 자매들에게 하늘의 축복을 풍성히 내려주소서. 주님은 저희가 구하고 생각하는 것보다 훨씬 많은 것을 주실 것을 믿으며, 주 예수님의 이름으로 기도합니다. 아멘.

거짓의 피난처

내가 정의를 줄자로 삼고 공의를 추로 삼을 것이니, 우박이 거짓의 피난처를 쓸어버리고 물이 은신처에 넘칠 것이다. (사 28:17)

오 주님, 먼지와 재 같은 저희가 어찌 주님께 아뢸 수 있겠습니까! 저희 안에 주님의 영이 계실 때 비로소 저희는 주님께 아뢸 수 있습니다. 또, 아무런 공로도 없는 저희가 어찌 주님 앞에 나아갈 수 있겠습니까! 오직 예수님의 공로를 의지했을 때만이 저희는 주님께 용납될 수 있습니다. 주님, 저희는 질병과 궁핍과 죄가 너무도 커서 주님 발 앞에 엎드려 구하며 모든 것을 주님께 받을 수밖에 없습니다. 그러나 저희는 주님께 받을만한 자격이 없기에 그저 주님의 독생자 예수 그리스도를 통해 주님께서 자비를 베풀어주시길 바랄 뿐입니다. 주님, 여기 모인 주님의 백성을 위해 기도하오니 그들의 필요를 채워주소서. 이곳에 있는 모두가 기도에 더욱 힘쓰게 하여주시고, 각자 서로 다른 기도 제목이 있사오니 주께서 은혜로 응답하여주소서.

이 시간 주님 앞에 겸손히 나아가 저희의 죄를 고백하기 원합니다. 습관처럼 짓는 죄, 고의로 지은 죄, 빛과 진리를 대적해서 지은 죄, 마음과 생각으로 지은 죄, 말로 지은 죄, 행동으로 지은 죄를 모두 고백합니다. 저희의 육신과 의지는 온통 죄로 물들어서 아무런 능력이 없음을 주님께 고백합니다. 저희의 본성은 완전히 타락하여 끊임없이 죄를 쏟아냅니다. 주님께서 저희의 실체를 깊이 깨닫게 하실수록 저희는 너무도 타락한 본성을 발견하고 큰 충격에 휩싸입니다.

저희는 모두 부정한 것과 같으며 저희의 모든 의는 더러운 넝마와 같습니다. 저희는 잎사귀처럼 시들며, 저희가 저지른 불의가 바람처럼 저희를 몰아갑니다. (사 64:6) 바람이 나무의 잎사귀를 떨어뜨려 앙상하게 만드는 것처럼, 저희도 이 아침에 주님 앞에 벌거숭이로 섰습니다. 저희는 열매를 맺거나 싹을 틔울 능력이 없으며 그저 불에 던져지는 나뭇가지처럼 쓸모없습니다. 저희의 본성이 맺는 열매는 포도나 무화과가 아니라 가시와 엉겅퀴뿐입니다.

하나님, 주님께서 지금까지 저희에게 베풀어주신 모든 은혜를 생각했을 때 저희는 그저 놀랄 수밖에 없습니다. 저희는 정죄받아야 마땅하며 저희 속에는 주님의 심판에서 벗어날 만한 것이 전혀 없기 때문입니다. 이런 저희를 구원해주신 주님께 감사드립니다. 그리고 이곳에 모인 모든 사람도 마찬가지로 구원받기를 소원합니다.

오 하나님, 주님은 저희의 교만한 마음을 강하게 쳐서 산산조각 내셨습니다. 그래서 저희를 지배하고 있던 거짓 신을 부수고 그 자리에 대신 그리스도를 세우셨습니다. 저희는 스스로 구원을 얻은 것이 아니며 이제 자기를 위해 사는 것도 아닙니다. 예수 그리스도께서 저희 영혼의 주인이 되셨으며, 그리스도께서 저희를 죄와 자아에서 벗어나 오직 주님께 복종하도록 도우셨습니다. 그러므로 저희는 이제 온전히 거룩하게 되기를 간절히 소망하게 되었습니다. 하나님께 온전히 복종하기 위해서는 어떠한 시련도 참을 수 있으며 모든 쾌락을 포기할 수도 있습니다. 하나님께 복종하는 일은 마치 궁수가 과녁을 노리고 화살을 쏘는 것처럼 저희의 목표가 되었습니다. 비록 거친 바람이 방해할지라도 주님의 은혜로 저희는 목표까지 곧장 달려갈 것입니다.

주님, 저희가 매일 죄를 정복할 수 있도록 도와주소서. 교만이 고개를 치켜들 때마다 주님께서 보고 계신다는 것을 생각하며 겸손하게 하여주소서. 자아가 들고 일어날 때마다 주님의 보혈에 의지해 그것을 죽이게 하여주소서. 주님, 저희로 하여금 자아와 세상에 대한 사랑에서 벗어나게 하여주소서. 안목의 정욕과 이생의 자랑에서 구원해주소서. 타락한 인간의 본성이 추구하는 모든 것을 버리고 날마다 주님께서 심어주신 새로운 본성이 드러나게 하여주소서. 그래서 저희가 그리스도를 닮게 하여주소서. 비록 저희는 그리스도를 직접 뵌 적은 없지만 장차 있는 모습 그대로 뵐 날을 고대하며 그분을 사랑하고 닮아가기를 원합니다.

죄의 노예가 된 저희를 불쌍히 여겨주셔서 오늘 아침 발에 채워진 족쇄가 풀어지게 하여주소서. 이 백성을 구원해주소서.

이 자리에는 아직 〈악독과 불의의 사슬에 얽매인〉(행 8:23) 자들이 많습니다. 성령님, 하나님을 알지 못하는 그들의 마음을 움직여 오늘 그들이 자신의 모습과 하나님에 대해 바로 알게 하여주소서. 이날에 많은 탕자가 아버지의 품으로 돌아와 하늘에서 잔치가 벌어지게 하여주소서. 주님, 전 세계 사람들의 영혼을 구원해주소서. 예수 그리스도께서 높이 들리실 때, 많은 자가 그분을 보고 깨어나게 하여주소서.

주님, 이 백성의 형편을 돌보아주소서. 주님은 저희가 짊어진 어려움을 전부 아십니다. 저희의 아픔과 슬픔을 모두 아십니다. 이처럼 어려움에 처한 성도들을 위로해주소서. 주님께서 저희를 어떠한 환경 가운데 처하게 하든지 불평하지 않게 하여주소서. 사업이 잘 안 되고 많은 일이 육신의 본성에 맞지 않더라도 그것이 주님의 뜻이면 기쁨으로 받아들이게 하소서. 주님이 채찍으로 치시면 기꺼이 채찍질 당하고, 주님이 저희를 아프게 하시면 기꺼이 그 아픔을 감당하도록 도와주소서. 저희를 생명의 돌이신 주님께 꼭 맞도록 정과 끌로 다듬어주소서.

저희의 사랑하는 교회와 사역자들에게 축복을 내려주소서. 부족한 저희로 하여금 주님을 섬길 수 있게 허락하심을 감사드립니다. 저희를 떠났던 많은 자가 다시 돌아오게 해주신 것과 주일학교 교사를 많이 세워주신 것으로 인해 주님을 찬양합니다. 그들에게 새로운 기름을 부어주시고 수고하고 애쓰는 형제자매들에게 은혜를 부어주옵소서. 그래서 그들이 다시 등불을 밝혀 주님의 은혜를 찬양하게 하여주소서.

또, 이 나라를 축복해주소서. 저희로 하여금 전쟁의 공포를 겪지 않도록 지켜주소서. 평화가 지속하고 전쟁이 끝나며 이 나라가 다시 한번 의와 진리에 의한 정책을 세우게 하시고 여태껏 저희 민족이 저지른 큰 범죄를 용서해주소서. 이 나라의 통치자를 축복해주시고 이 땅에 거주하는 모든 백성이 주님의 사랑을 느끼게 하여주소서.

> 오 하나님, 백성이 주님을 찬양하게 하소서. 모든 백성이 주님을 찬양하게 하소서. 땅의 소산은 증가하고 하나님, 곧 우리 하나님께서 우리를 축복하실 것이다. 하나님께서 우리를 축복하시며 모든 땅끝이 그분을 두려워할 것이다. (시 67:5-7)

그동안 기도에 소홀히 하고 주님을 떠나 방황했던 것을 용서해주소서. 주님의 사랑하는 독생자이며 죽음에서 부활하시고 저희 영혼의 연인이신 그리스도의 이름으로 기도합니다. 아멘.

하나님의 원수

그러므로 하늘과 그 안에 사는 자들아, 기뻐하라. 땅과 바다에 거주하는 자에게는 화가 있도다! 이는 마귀가 자기 때가 얼마 남지 않은 것을 알고 너희에게 내려갔기 때문이다. (계 12:12)

위대하신 하나님, 어둠의 세력과 싸움에서 주님이 반드시 승리하신다는 사실로 인해 주님의 이름을 찬양합니다. 이 아침에 저희는 주님이 갈보리에서 용의 머리를 깨뜨린 사건을 되돌아봅니다. 저희와 싸우는 적은 이미 주님에 의해 완전히 패배하여 모든 힘을 잃은 상태에 있습니다. 이 시간 뱀에게 발꿈치를 물려 낙담한 주의 자녀들을 돌보아주옵소서. 비록 뱀이 그리스도의 발꿈치를 물었지만 그리스도께서는 그의 머리를 깨뜨리셨습니다. 그로 인해 저희의 영혼은 전능하신 정복자의 이름을 높이며 기쁨의 노래를 부릅니다. 세상의 군주인 원수 마귀와 맞서면서도 전혀 해를 입지 않으시는 주님께 모든 영광과 명예를 돌려드립니다. 오 예수님, 주님은 처음부터 마지막까지 이미 이기셨으며, 무시무시한 인류의 적을 제압하고 영광스러운 승리를 얻으셨습니다. 주님 앞에서 모든 적은 파괴되고 사망과 지옥의 권세는 불 못에 던져지며 하나님께서 모든 것을 차지하실 것입니다. 주님, 속히 오시어 감추어진 것을 드러내시고 하나님의 교회가 더 이상 힘겨운 날갯짓을 하지 않고 사랑하는 주님 품 안에서 영광으로 옷 입혀지게 하옵소서. 영광과 명예와 위엄과 능력과 통치와 권세가 영원토록 보좌에 앉으신 어린 양께 있습니다.

이 시간 위대하신 왕의 보좌 앞에 나아가 모든 존경과 경의를 표하니, 이는 주님은 유일하신 하나님이며 저희는 아무 가치도 없는 먼지와 같기 때문입니다. 저희의 많은 죄를 고백합니다. 저희를 용서하여 주시고 아벨의 제사보다 더 나은 주님의 보혈로 깨끗이 씻겨주소서. 하나님의 모든 자녀가 주님의 보혈로 씻김 받고 깨끗해진 것을 알게 하소서. 이제 저희의 모든 죗값은 지워 없어졌으며 저희는 믿음으로 의롭게 되어 예수 그리스도를 통해 하나님과 영원히 평화를 누리게 되었습니다.

주님, 한 주간 유혹과 싸우느라 상처 입은 저희의 영혼을 치유해주소서. 혹시 저희에게 더러운 것이 붙었다면 깨끗이 씻겨주소서. 세상의 진흙과 먼지로 더러워진 저희의 발을 씻겨주소서. 저희의 믿음과 소망과 사랑이 약해져 세상과 싸움에서 짓눌렸다면 다시 원수와 싸울 수 있도록 새 힘을 더하여주소서. 시련을 겪는 주의 종이 있다면 영원한 팔로 그를 품어 특별한 위로를 얻게 하여주소서. 주님의 군대를 새롭게 하셔서 가장 약한 자라도 다윗처럼 용맹하게 하여주소서. 만군의 대장이신 주님, 주님의 백성이 함께 모여 간구하는 이 기도에 응답하여주소서.

또한, 주님의 교회가 세상을 이기게 하여주소서. 전능하신 하나님, 이교도 무리와 그들이 섬기는 신들을 보시옵소서. 그리스도시여, 용과 어둠의 세력을 내던져 우상이 하나도 남지 않게 하여주소서! 바빌론의 창녀가 여전히 일곱 언덕 위에 앉아 수많은 무리를 현혹하고 있습니다. 그녀를 맷돌처럼 바다에 빠뜨려 영원히 그 세력을 멸하여주소서. 거짓 선지자의 무리는 모두 쇠퇴하고 오직 그리스도께서 홀로 통치하여주소서!

주님, 이 나라를 위해 기도하며 또한 이미 그리스도가 전파되었지만 아직 어둠에 휩싸인 많은 나라를 위해 간곡히 기도합니다. 주님, 복음이 선포되었는데도 사람들이 아직 죄 가운데 살고 있는 지역을 불쌍히 여겨주소서. 그곳에 있는 주님의 택한 자들에게 빛을 비추어주셔서 그들이 자기 나라뿐 아니라 세상의 빛이 되게 하여주소서.

주님, 이 도시를 기억하여 주님의 분노를 참아주소서. 비록 오늘날 복음이 널리 전파되었음에도 많은 사람이 복음을 등지고 멀리 떠났습니다. 많은 사람이 복음을 들으려 하지 않고, 듣는다고 해도 받아들이지 않고 거절합니다. 주님의 종들이 그리스도의 혼인 잔치에 초대하는 소리를 많은 사람이 듣고 참여하게 하여주소서. 저희를 하나님을 위한 목소리로 삼으셔서 그리스도에 관해 이야기하고 어린양의 보혈에 관해 증거하게 하소서.

오 하나님, 저희 교회와 함께하는 많은 협력자를 축복하셔서 세상을 복음화하는 일에 저희의 역할을 감당할 수 있도록 도와주소서. 저희 교회에서 훈련받은 많은 일꾼이 아직 사역을 시작하지 못하고 있습니다. 그들을 일으켜 주님을 전하는 일에 사용해주소서. 많은 형제자매가 오늘도 사람들을 그리스도께 인도하기 위해 부지런히 자신의 역할을 감당하고 있습니다. 이 교회가 더욱 하나님의 권능과 영광이 드러나는 살아있는 교회가 되게 하여주소서. 저희가 이것을 간절히 바라고 원합니다. 이곳의 사역자와 온 교인이 생명력이 넘치고 성령으로 충만하여 저희의 금 촛대에 거룩한 기름이 떨어지지 않고 항상 불을 밝혀 하나님의 영광을 드러내게 하여주소서.

저희의 모든 것을 주님께 드리오니 저희를 가족과 학교와 교회와 세상에서 사용해주시고, 이곳에서 사용하신 것처럼 장차 주의 전에 거할 때 밤낮으로 기쁘게 주님을 섬기도록 하여주소서. 주일마다 이 교회에 출석하는 사람 중에 아직 회심하지 않은 자가 있다면 그를 회심시켜주소서. 한때 신앙을 고백했지만 발걸음이 뜸한 자들도 회개하고 다시 주님께 돌아오게 하여주소서. 또한, 말씀을 듣기만 하고 행하지 않는 자들도 불쌍히 여겨주소서. 그들을 속히 구원하여 예수님께 즉시 나아오게 하여주소서. 이 모든 것을 예수님의 귀한 이름으로 기도합니다. 아멘.

그리스도와 함께 부활함

> 너희가 그리스도와 함께 부활했으면 그리스도께서 하나님 우편에 앉아계신 곳인 위에 있는 것을 추구하라. 너희 마음을 위에 있는 것에 두고, 땅에 있는 것에 두지 마라. (골 3:1~2)

아버지, 저희가 주님의 자녀처럼 느끼고 주님을 감히 아버지라 부를 수 있게 해주셔서 감사합니다. 저희는 주님을 열렬히 사모하며 절대적으로 신뢰하며 주님의 뜻에 온전히 복종하고 주님의 명예를 추구합니다. 주님께서 저희에게 예수 그리스도를 믿는 믿음을 주신 이후로 저희는 온전히 주님만을 의존합니다. 주님은 저희의 모든 것이며 저희의 충만함이십니다. 하나님 안에서 저희는 잃어버린 자신을 발견합니다.

이 아침에 저희는 주님께서 주신 성령에 의지해 주님이 지정해 주신 방식으로 나아와 기도합니다. 아버지, 저희는 알게 모르게 주님의 거룩하심을 훼손하는 일을 할 때가 많습니다. 그리고 그런 사실이 저희를 더욱 괴롭게 합니다. 저희는 주님을 닮아 완전해지기를 간절히 소망합니다. 저희가 모든 잘못된 길과 죄를 미워하며 죄의 권세에서 벗어나 온전히 하나님께 복종하는 자유를 누리게 하여주소서.

주님은 마음을 살피시기에 저희의 모든 것을 아시며 인생의 고삐를 쥐고 계십니다. 저희는 주님의 영광을 높여드리길 원하며, 세상의 부를 쌓기보다는 하나님에 대해 부유해지길 원합니다. 육신이 건강한 것보다 지극히 높으신 분에 대해 온전하며 주님께서 보시기에 거룩해지길 원합니다. 다른 어떤 것보다 주님에 대해 순결하길 원하며 주님의 축복 속에 안식을 누리기 원합니다. 하지만 주님, 비록 저희의 마음이 성령님의 도우심으로 거룩함을 향하지만, 저희 안에는 여전히 사망이 자리 잡고 있습니다. 저희의 옛 본성이 주께서 주신 새 생명과 전쟁을 벌이며, 육신의 지체는 저희를 잘못된 길로 가도록 유혹합니다. 저희는 마치 흔들리는 추와 같이 거룩함과 불경건함 사이에서 왕복하기를 반복하며, 이것으로 인해 매우 괴롭습니다. 주님, 부디 저희를 구원해주소서.

예수님께서 저희에게 주신 승리로 인해 주님께 감사드립니다. 저희 안에 있는 이 승리를 더욱 완전하고 지속적으로 만끽하게 하여주옵소서. 저희는 죄 때문에 주님 앞에 재를 뒤집어쓰고 슬퍼하지만, 그와 동시에 저희 죄를 대신 지시고 자신의 보혈로 저희를 깨끗게 하신 그리스도로 인해 기뻐합니다. 때로는 괴로움을 겪을 때도 있지만 저희는 사탄이 무릎 꿇고 죄가 완전히 파괴될 때까지 성령님께서 저희를 인도해주시길 간구합니다.

주님은 저희 마음의 괴로움을 모두 아십니다. 비록 저희가 기도로 표현하지 못한 것이 있을지라도 저희 안에 영원히 함께 계시겠다고 약속하신 중재자께서 저희의 모든 고민을 말할 수 없는 탄식으로 아뢰실 줄 믿습니다. 저희는 좌절과 의심과 두려움과 마음의 심란함을 모두 극복하고 승리할 것입니다. 이는 그리스도께서 십자가에서 승리하셨기 때문입니다. 이로 인해 저희가 〈어느 곳에서든지 예수 그리스도를 통해 항상 우리를 승리하게 하시는 하나님〉(고후 2:14)께 감사와 찬송을 올려드립니다.

이 시간 영원하신 주님께서 저희를 찾아와 구원을 베풀어주소서. 저희가 새롭게 부흥하길 원합니다. 하지만 주님의 백성 중에는 육체적인 질병이나 정신적인 괴로움으로 힘들어하는 자들도 있습니다. 낙심한 저희 영혼을 주님의 말씀으로 소생시켜주소서. 이 날을 저희에게 기념할 만한 날로 만들어주소서. 그리스도를 향한 저희의 첫사랑을 회복시켜주소서. 주님 안에서 안식을 누리며 잠잠히 주님을 기다리게 하여주소서.

주 하나님, 고통으로 괴로워 신음하는 심령을 돌보아주소서. 주님의 백성을 깊은 바다에서 건져주소서. 저희의 신음을 노랫소리로 바꾸어주소서. 베옷을 벗기고 아름다운 예복을 입혀주소서. 한숨을 찬송으로 바꾸어주소서. 이 날을 신랑과 함께하는 혼인 잔치가 되게 하여주시고 저희로 하여금 찬란한 기쁨과 형언할 수 없이 충만한 영광 중에 즐거워하게 하여주소서.

아버지, 지금까지 풍성한 축복을 허락하신 것처럼 이 시간 이곳에 임하셔서 새로운 은혜를 부어주소서. 봄이 지나면 무성한 여름이 다가오는 것처럼 저희 교회도 부흥을 주셔서 여름철처럼 무성하게 하여주소서. 특히 거룩한 것에 무관심하고 냉담한 자들의 마음을 뜨겁게 하여주소서. 해이해지고 진리를 소홀히 하고 세상의 영향을 받아 부식하고 은밀하게 죄짓는 것을 모두 제하여주소서. 이 교회를 사랑과 연합과 생명과 능력으로 충만하게 하여주소서.

많은 자가 세상에서 떠나 저희 가운데 들어오게 하여주심을 감사드립니다. 교회가 새로운 피를 수혈받은 것처럼 새신자로 인해 생기를 되찾게 하여주소서. 교회의 모든 목사, 장로, 집사, 교사, 사역자에게 주님의 영을 충만하게 부어주셔서 교회 전체가 되살아나게 하여주소서. 또한, 이 교회뿐 아니라 주님의 모든 시온 산에 소나기처럼 은혜를 내려주소서. 특별히 시골에 있는 교회에 주님께서 함께하여주시고, 해외에 있는 모든 교회도 성령님께서 늘 돌보아주옵소서. 그래서 비가 갠 뒤의 맑은 하늘처럼 이 어두운 세상이 주님의 교회로 인해 밝아지게 하여주소서.

또한, 교회뿐 아니라 죄인들도 돌보아주소서. 주님의 백성을 축복하실 때 그들도 함께 축복을 받게 하여주소서. 교회가 주님을 찬양할 때 온 열방이 함께 주님을 찬양하게 하여주소서. 시온의 기쁨이 온 세상의 기쁨이 되고, 주님의 백성이 즐거워할 때 세상도 함께 즐거워하며, 혹 환난 중에 있을지라도 주께서 구원의 손길을 허락하여 그리스도의 이름이 영광 받게 하여주소서. 지금 세상은 큰 소동에 휘말려 있습니다. 주님의 영광을 위해 그것을 잠재워주소서. 의와 진리가 땅끝까지 널리 펴져 주님께서 온 세상을 통치하고 계심을 드러내게 하소서. 사람들이 아무리 진리를 대적해 반기를 들어도 주님의 뜻은 멈추지 않고 성취되어 갑니다. 주님의 나라가 속히 임하게 하여주소서. 주님의 뜻이 하늘에서 이루어진 것처럼 땅에서도 이루어지게 하소서. 그때 저희는 하나님께서 영광 받으시는 것을 보고 천사들과 함께 찬양할 것입니다. 저희 영혼의 가장 큰 바람은 예수님의 이름이 높이 들려지고 주님의 보좌가 사람들 사이에 세워지며 주님의 은혜에 영광과 찬송이 돌려지는 것입니다. 아버지와 아들과 성령께 태초부터 지금과 앞으로 영원토록 영광이 있을 것입니다. 아멘.

성도를 위한 간구

이처럼 성령께서도 우리의 연약함을 도우시니, 우리는 마땅히 기도할 바를 알지 못하나 성령께서 친히 말할 수 없는 탄식으로 우리를 위해 간구하신다. 그리고 마음을 살피시는 분께서 성령의 생각을 아시나니, 이는 성령께서 하나님의 뜻에 따라 성도를 위해 간구하시기 때문이다. (롬 8:26~27)

아버지, 성령님을 통해 저희가 하나님의 자녀라는 확신을 품고 주님을 감히 아버지라 부를 수 있게 해주심을 감사드립니다. 또한, 사망에서 생명으로 옮겨지고 예수 그리스도와 함께 죽음에서 부활할 소망을 가지게 해주심을 감사드립니다. 보좌에 앉으신 생명의 하나님께서 저희를 새롭게 하시고 저희 안에 생명을 불어 넣어주셨습니다.

아버지, 저희는 폭군 앞에 선 노예처럼 주님 앞에 웅크리지 않고 양자로서 가족을 대하듯이 주님을 바라봅니다. 물론 하나님은 하늘에 계시고 저희는 땅에 있기에 여전히 주님을 볼 때 거룩한 두려움과 떨림을 느끼지만, 그럼에도 주님을 대하는 일이 저희에게는 큰 기쁨이 됩니다. 옛 이스라엘 대제사장은 일 년에 한 번 지성소에 들어갈 때 속죄 제물의 피가 필요했습니다. 하지만 이제는 주님께서 장막을 찢으셨고 그리스도께서 속죄의 피를 흘리셨으므로 모든 믿는 자가 나답과 아비후처럼 죽을 걱정 없이 지성소로 들어가 하나님의 보좌 앞에 나아갈 수 있게 되었습니다.

오 하나님, 그러므로 저희는 주님의 바로 앞에서 아뢰며, 주님께서 저희 마음을 모두 아신다는 사실에 매우 즐거워합니다. 저희가 너무도 괴로운 나머지 입술로 주님께 아뢰지 못할 때라도 주님은 저희 마음의 생각과 의도를 모두 아십니다. 아버지, 여기 모인 모든 믿는 자가 그리스도께서 흘리신 보혈의 능력을 분명히 체험하게 하여주소서. 저희로 하여금 예수님께서 〈너희는 깨끗하다〉(요 13:10)라고 하시는 말씀을 듣게 하소서. 주께서 〈내가 그 피를 볼 때 너희를 지나칠 것이다〉라고 하신 것처럼 저희가 그리스도 안에서 평안을 누리게 하소서. 그리스도의 보혈은 저희를 위한 유월절 어린양의 피이며, 죽음의 천사가 그것을 볼 때 저희에게 손을 대지 못할 것입니다.

주님, 저희가 삶을 통해 하나님의 자녀임을 드러내게 하여주소서. 맏아들이신 예수님을 더욱 닮아가게 하소서. 저희의 자아를 정복하고 모든 죄악된 생각을 몰아내며 성령님께 온전히 사로잡히게 하여주소서. 저희는 하나님의 자녀이오니 주님을 섬기는 일에 전념하도록 도와주소서. 정욕에 휩싸여 마귀의 자녀처럼 살거나 마귀를 섬기는 일에 열중하지 않도록 하여주소서. 저희에게 더 이상 두려워하는 속박의 영을 주지 마시고, 주님을 아바 아버지라 부르는 담대한 자녀의 영을 주시옵소서.

주님, 저희를 정결하게 하여주소서! 저희 죄를 용서해주셨으니, 이제 저 희 마음속에 남아 있는 모든 죄성을 깨끗이 정화해주소서. 또한, 궁핍함에 처한 주의 자녀들에게 힘과 도움의 손길을 주소서. 성령님, 저희의 부족함을 채워주소서. 슬픔과 곤경에 빠지고 비방과 박해를 받으며 십자가의 무게에 짓눌릴 때 저희를 도와주소서. 환난이 임할 때 낙심하지 말고 오히려 하나님의 능력을 의지하며 기뻐하고 주님께 영광 돌리게 하여주소서. 저희를 걱정과 근심에서 벗어나게 하여주소서. 주님께 모든 짐을 맡기고 주님의 소유된 것으로 인해 온종일 찬양하게 하소서. 여호와께서 저희의 목자이시니 저희에게 부족함이 없습니다. 진실로 선하심과 인자하심이 저희의 사는 날 동안 항상 저희를 따를 것이며, 저희가 주님의 집에 영원히 거할 것입니다.

오 주님, 저희를 거룩하고 행복한 백성이 되게 하여주소서. 세상과 구별된 삶을 살게 하여주소서. 저희가 혈과 육이 아니라 공중의 권세와 악한 영을 대적할 때 저희를 도와주소서. 언제 어디서든지 주님의 교회가 승리하게 하여주소서. 저희의 영혼은 오직 주님의 것이니 저희와 늘 함께 계시는 주님, 홀로 영광을 받아주옵소서.

이 시간 아직도 주님을 알지 못하는 자들을 위해 간절히 기도합니다. 오 성령님, 그들에게 죄와 의로움과 임박한 심판에 대해 깨닫게 하여주시고 특별히 주 예수 그리스도를 믿지 않는 죄가 얼마나 큰지 알게 하여주소서. 예수님을 믿지 않는 것은 가장 크게 하나님을 대적하는 행위라는 것을 확실히 깨닫게 하여주소서. 하나님께서 친히 인간이 되어 우리의 죄를 위해 대신 죽으실 정도로 무한한 사랑을 베푸셨는데 그것을 거절하는 것은 위대하신 왕에 대한 가장 극악한 범죄입니다. 이 사실이 그들의 마음에 화살처럼 꽂히게 하여주소서. 그들이 비록 육신으로 지은 악랄한 죄는 없다고 할지라도, 하나님의 독생자를 거절하고 그분의 보혈을 욕되게 하며 하나님께서 베푸시는 위대한 구원을 무시하는 행위는 그 어떤 죄보다 사악하며 목에 맨 맷돌처럼 그들의 양심을 무겁게 하는 범죄임을 알게 하소서. 오 성령님, 이곳에 있는 사람들이 그리스도 안에 있는 의를 발견하게 하소서. 그들이 죄로 인해 멸망하지 않으려면 반드시 그리스도의 의가 필요하다는 사실을 깨닫게 하여주소서. 또한, 하나님과 그리스도께 반역한 자들에게 임할 심판과 영원한 형벌이 있다는 사실을 알게 하여주소서. 그래서 죄인으로 하여금 무릎 꿇고 예수 그리스도께 상한 마음으로 나아와 믿음을 통해 하나님과 화평을 이루게 하여주소서. 그 밖에 이 아침에 주님께 구해야 할 것이 많으나 주께서 모든 것을 아시오니 저희의 필요를 채워주소서.

특별히 이 나라를 위해 기도합니다. 이 땅을 축복하여 다시 순수한 신앙이 부흥하게 하여주소서. 바람이 나무를 움직이듯 주님은 사람들의 마음을 움직일 수 있다는 것을 믿습니다. 사람들이 더욱 마음을 살피고 성경을 묵상하며 하나님을 경외하고 정의와 평화를 실현하며, 주께서 택하신 자들이 함께 모여 주님을 더욱 찬양하게 하여주소서. 또한, 다른 모든 나라와 땅을 위해서도 기도합니다. 특별히 저희와 같은 언어를 사용하며 하나님을 섬기는 이웃 나라를 축복해주소서. 이 두 나라가 함께 손을 잡고 예수 그리스도의 복음을 전파하는 일에 앞장서게 하여주소서.

주님, 모든 거짓 교리와 교황의 세력과 무슬림과 우상이 쓰러지고 그리스도께서 모든 민족을 통치하며 홀로 영원히 영광 받는 날이 속히 오게 하여주소서. 모든 영광이 아버지와 아들과 성령께 태초부터 영원토록 있을 것입니다. 아멘.

사형 선고

> 그러나 우리가 속으로 사형 선고를 받은 것 같았으니, 이는 자기를 신뢰하지 않고 오직 죽은 자를 살리시는 하나님을 의지하게 하려는 것이다. (고후 1:9)

아버지, 주님의 이름을 영원토록 찬양합니다. 저희로 하여금 하나님을 더욱 찬양하게 하여주소서. 그동안 저희는 불평과 불만이 가득하고 자기를 위한 일만 생각하며 하나님을 찬양하고 높여드리는 일에는 소홀히 했던 것을 고백합니다.

오 하나님, 저희에게 천상의 음악을 가르쳐주소서. 영원한 할

렐루야를 부르는 은혜를 허락해주소서. 〈내 영혼아, 여호와를 송축하라. 내 안에 있는 모든 것들아, 주님의 거룩한 이름을 송축하라.〉(시 103:1) 주께서 저희를 먹이시고 입히시며 많은 은혜를 베풀어주실 때만이 아니라, 저희의 마음이 무겁고 은혜가 부족하며 주님께 회초리를 맞을 때도 변함없이 주님을 찬양하게 하여주소서. 우리에 양 떼가 없고 밭에 수확이 없어도 하나님 안에서 기뻐하게 하여주소서. 오 주님, 저희에게 찬양하는 법을 가르쳐주소서. 저희 영혼을 뜨겁게 하셔서 영원히 찬양받으실 아버지와 아들과 성령님께 향기로운 감사의 찬양을 올려드리게 하여주소서.

오 주님, 이 시간 저희가 주님 앞에 올바른 자로 서기를 원합니다. 위대하신 아버지, 저희로 하여금 바른 자가 되게 하여주소서. 어떤 사람은 전혀 올바른 마음가짐을 지니지 않은 채 주님 앞에 나아오기도 합니다. 주께서 가인의 제사를 받지 않으신 것처럼 그들의 예배도 받지 않으실 줄 압니다. 오 하나님, 저희의 모든 죄를 제거해주소서. 저희로 하여금 죄의 짐을 절실히 느껴 주님께 나아가 모든 죄를 고백하고 저희의 대속 제물이 되신 예수님 안에서 평안을 누리게 하여주소서. 저희의 죄가 용서받지 못한다면 저희는 주님 품에 안겨 〈아버지, 제가 하늘과 아버지 앞에 죄를 지었으니 더 이상 아버지의 아들이라 불릴 자격이 없습니다〉라고 애곡할 것입니다. 이 아침에 주님의 자녀들에게 용서의 입맞춤을 하여주소서. 그래서 저희로 하여금 주님께서 신실하시며 저희의 죄를 용서해주시고 모든 불의에서 깨끗하게 하신다는 사실을 느끼며 기뻐하고 주님과 화목해지게 하여주소서.

여기 있는 사람 중에 오래전에 주님께 용서받고 주님과 동행하며 거룩한 기쁨과 용기를 얻고 있는데도 불구하고 아직도 주님께 가까이 가지 못하게 가로막는 장벽을 지닌 자가 적지 않습니다. 저희가 혹시 주님이 기뻐하시지 않는 악한 것에 마음을 빼앗겼다면 저희의 죄악을 용서해주소서. 저희의 잘못을 깨닫게 하여주시고 주님의 십계명을 잘 지키며 즈님의 기준에 따라 거룩한 삶을 추구하게 하소서.

저희가 완전해지길 소망합니다. 오직 주님의 뜻에 합당한 생각과 행동만 하기를 원합니다. 하지만 저희의 삶을 되돌아보면 탄식해야 할 것이 너무도 많습니다. 저희가 애통해하는 만큼 저희를 더욱 거룩하게 만들어주소서. 저희의 불결한 죄악을 절실히 깨닫게 하여주소서. 아버지, 저희의 은밀한 잘못을 씻겨주소서. 저희를 정화해주소서. 예수님께서 제자들의 발을 씻기신 것처럼 저희의 모든 더러움을 깨끗이 씻기셔서 저희로 하여금 주님께 합당한 왕과 제사장과 거룩한 백성으로 삼아주소서.

주님, 이 교회를 축복해주소서. 이곳에서 성령님을 근심케 하는 일이 발생하지 않도록 도와주소서. 저희 중에는 주님의 계명을 따르지 않고 냉담하며 기도와 주님을 섬기는 일을 게을리하는 자들도 있습니다. 하지만 모두가 그런 것은 아닙니다. 저희 중에 신실한 자들을 돌아보시고 더욱 신실하게 하여주시며, 방황하고 시험에 든 자는 그들이 이스라엘 백성에게 해를 끼쳤던 아간처럼 되지 않도록 회복시켜주소서.

저희 교회에 주께서 부유케 하신 자가 하나님께서 모든 것을 주셨다는 사실을 잊어버리고 교만하거나, 반대로 주께서 가난하게 하신 자가 그것을 허락하신 주님께 불평하거나, 혹은 가난한 형제를 도우려 하지 않는 자가 있다면, 그 죄로 인해 저희를 벌하시지 마시고 자비와 용서를 베푸셔서 주님의 교회가 올바른 방향으로 회복되게 하여주소서. 저희가 이것을 위해 간절히 기도합니다.

주님, 저희에게서 주님의 축복을 거두지 마옵소서. 저희가 날마다 주께서 주신 축복으로 인해 기뻐합니다. 특히 이번 달에는 이전보다 더욱 많은 축복을 베풀어주셔서 감사합니다. 이 교회의 모든 사역과 필요를 채워주셔서 감사합니다. 그런데 혹시라도 주께서 이런 축복을 저희에게서 거두어 가시지는 않을까 두렵기도 합니다. 저희가 하나님의 성령을 소멸하지 않도록 도와주소서. 저희를 더욱 거룩하며 주님께 사랑받는 자가 되게 하여주소서. 모든 찬송을 주님께 올려드립니다.

또한, 주님께 기도하오니, 저희가 주님 앞에서만 옳게 행하는 것이 아니라 삶의 모든 부분에서 바르게 살도록 하여주소서. 주님께서 저희를 다루실 때 바르게 대응하도록 하여주소서. 시련을 겪을 때 더욱 인내하게 하여주시고, 질병에 걸리거나 사랑하는 사람을 잃거나 가난에 처했을 때 담담히 받아드리며, 어떠한 고통 속에서도 결코 주님을 욕되게 하는 일이 없도록 은혜를 베풀어주소서.

그리고 세상에 대해서도 저희가 올바로 대처하게 하여주소서. 저희의 증언이 조금도 흠이 없게 하여주소서. 저희로 하여금 세상의 빛이 되게 하여주소서. 빛 대신 어둠을 전하는 일이 결코 없도록 도와주소서. 그리스도인으로서 합당한 삶을 살게 하여주소서. 오 주님, 저희가 열정과 사랑으로 충만하여 이웃에게 강하게 권면할 때 그들이 그 안에 담긴 사랑을 느낄 수 있게 하여주소서. 저희가 하는 모든 일이 경건하며 그리스도를 닮고 하나님의 사랑을 전하는 일이 되게 하여주소서. 저희의 몸과 영혼의 혈기와 정욕을 잘 다스릴 수 있게 도와주소서. 그래서 이 땅에서도 장차 천국에서 살 때와 마찬가지의 삶을 살게 하여주소서.

주님, 전 세계의 교회를 축복하여 주소서. 주께서 택하신 자들을 하나로 모으셔서 그리스도의 왕국이 세워지게 하여주소서. 이 나라를 축복해주시고 지도자들을 바른길로 인도하여주소서. 주님께서 위정자들에게 지혜를 주셔서 그들이 어리석은 짓을 하지 않도록 도와주소서. 또한, 그리스도를 사랑하는 다른 나라에도 축복을 내려주시고 그리스도를 아는 모든 민족에게 부흥을 허락해주소서. 이교도와 무슬림과 교황에게 사로잡혀 한밤중에 있는 나라에 빛을 밝혀주셔서 그들이 그리스도께 영광 돌리게 하여주소서. 저희가 구하는 모든 것을 주께서 사랑하시며 저희도 사랑하는 그리스도의 이름으로 기도합니다. 아버지와 아들과 성령께 영원 무궁히 영광이 있을 것입니다. 아멘.

다른 사람을 위한 기도

나도 너희를 위해 기도하는 것을 멈춤으로써 여호와께 죄를 짓지 않을 것이며, 오직 너희에게 선하고 옳은 길을 가르칠 것이다. (삼상 12:23)

이스라엘의 하나님, 예수 그리스도의 하나님, 영원하신 우리의 하나님, 저희가 경외하는 마음으로 주님께 나아가기 원합니다. 저희로 하여금 노예처럼 두려워하는 마음이 아니라 성령님을 통해 거룩한 담대함으로 나아가도록 도와주소서. 그러나 교만하고 주제넘은 태도를 보이는 것이 아니라 자녀가 아버지에게 이야기하듯이 친밀하면서 동시에 피조물이 조물주를 대하듯이 겸손한 태도로 나아가게 하여주소서.

아버지, 저희가 주님께 잘못된 것을 구할 때가 많습니다. 그것은 분명 저희가 하나님보다 다른 피조물을 더욱 사랑하기 때문에 생기는 현상일 것입니다. 저희는 그런 피조물에서 위로를 얻는 것보다 하나님 안에 거하는 편이 훨씬 낫습니다. 저희를 이런 위험에서 지켜주시고 하나님에게서 멀어지지 않도록 도와주소서. 혹시라도 저희가 주님께서 지정한 위치에 있지 않다면 지금이라도 돌이켜 바른길로 행하여 주님이 주신 은혜가 오히려 걸림돌이 되는 일이 없도록 하여주소서.

지금까지 저희가 응답받지 못한 기도로 인해 오히려 주님께 감사합니다. 주님께서 응답하시지 않았다는 것은 저희가 잘못된 목적으로 구한 것이 분명하며, 따라서 얻지 못하는 편이 저희에게 더 유익이 될 것입니다. 앞으로도 언제든 저희가 주님의 지혜에 반대되는 것을 구하면 그 기도에 응답하지 말아 주소서. 오 주님, 저희가 아무리 밤낮으로 부르짖어도 주님께서 보시기에 잘못된 것을 구한다면 저희의 기도에 귀 기울이지 말아 주소서. 평생 〈제 뜻대로 하지 마시고, 아버지 뜻대로 하옵소서〉라는 기도에 맞추어 살게 하여주소서.

하지만 주님, 지금까지 삶을 되돌아보면 저희의 부르짖음에 주님은 항상 응답해주셨습니다. 낙심하여 절망에 빠졌을 때 주님께 부르짖으면 주님은 결코 저희의 기도를 거절하지 않으셨습니다. 저희가 정욕으로 구하는 것은 들어주시지 않지만, 궁핍함 때문에 구하는 것은 항상 필요한 만큼 채워주셨습니다. 주님께서 약속하신 것은 단 하나도 어김없이 저희에게 주어졌습니다. 주님은 항상 저희가 구하거나 생각한 것보다 훨씬 풍성하게 주셨습니다. 예전에는 도저히 엄두가 안 났던 축복을 지금은 당연한 것처럼 누리게 되었습니다. 애굽의 가마솥에 둘러앉아있던 자들이 이제는 자기 소유의 포도나무와 무화과나무 아래 앉아 쉬게 되었습니다. 광야를 헤매던 자들이 성읍 안에 거하게 되었습니다. 넝마를 걸친 탕자가 아버지의 품에 안기게 되었습니다. 돼지의 먹이를 먹던 자가 이제는 예수 그리스도와 함께 하나님의 공동 상속자가 되었습니다.

이처럼 자녀들의 부탁을 넘치도록 채워주시는 하나님께 기도할 수 있다는 사실이 저희에게 얼마나 큰 용기를 주는지 모릅니다! 저희의 마음을 다해 주님의 이름을 영원토록 찬양합니다! 주님께서 저희 기도에 응답해주시든 응답하지 않으시든 저희는 언제까지나 주님께 찬송과 영광을 올려드릴 것입니다.

주님, 이 아침에 주님의 자녀들이 부르짖는 소리를 들어주소서. 거룩함을 추구하는 신실한 자들의 기도를 들어주소서. 상한 심령으로 주님과 화목하길 원하는 자들의 기도를 들어주소서. 비록 저희가 소리를 내서 기도하거나 입술을 움직이지 않더라도 주님은 저희가 기도하는 내용을 전부 아십니다. 감히 하늘을 우러러보지도 못하고 가슴을 치며 〈하나님, 자비를 베풀어주소서. 저는 죄인입니다〉라고 부르짖는 세리의 기도를 들어주소서. 죽음을 눈앞에 둔 자의 기도를 들어주소서. 감옥에서 한숨 쉬는 자들을 주님께 나아오게 하여주소서. 이곳에 있는 사람 중에서 마음이 심란한 자에게 평안과 안식을 허락해주소서. 또한, 전 세계에서 십자가를 바라보며 그리스도를 통해 하나님과 화목해지길 원하는 자들의 기도를 들어주소서. 오 주님, 주님의 일을 위해 애쓰는 사역자들을 돌보아주소서. 그들을 위해 기도하며, 주님의 시온이 이 땅의 기쁨이 되기를 소망하는 자를 많이 일으켜주소서.

이 나라를 위해 기도하며 부르짖는 자들의 소리도 들어주소서. 악한 시대 동안 저희가 얼마나 신음하며 기도했는지 주님은 아십니다. 이런 저희의 기도를 들어주신 주님께 감사와 찬양을 올려드립니다. 저희가 이 나라를 위해 계속 기도하오니, 이 나라의 죄악을 모두 제거해주소서. 이곳이 거룩한 땅이 되도록 술취함과 불륜과 교황의 세력과 의식주의와 이성주의와 모든 악의 저주에서 지켜주소서. 오 주님, 복음에 무관심한 많은 사람의 마음을 열어주소서. 오늘 아침에도 많은 사람이 침대에서 일어나지 않고 예배의 자리에 나올 생각을 전혀 하지 않고 있습니다. 그들에게 주님의 집을 사랑하고 주님의 복음을 소망하는 마음을 주시옵소서. 또한, 주님을 전혀 알지 못하고 자신의 재물을 섬기는 불쌍한 부자들을 돌아봐 주소서. 자신이 불쌍한 죄인임을 모르고 자기 의로 가득한 자에게도 예수님의 복음을 듣게 하여 그들로 하여금 그리스도께 나아오도록 하여주소서. 하나님, 이 나라를 더욱 복음의 빛으로 가득 채워 생명과 사랑이 풍성해지게 하여주소서.

주님, 저희의 자녀들을 위해 기도하오니 그들이 구원을 받게 하여주소서. 이 중에는 자녀들이 이미 구원을 받아 더 이상 그들을 위해 기도하지 않는 자도 있지만, 더러는 자녀들 때문에 괴로워하는 자들도 있습니다. 오 하나님, 경건한 백성의 아들과 딸을 구원해주소서. 그들이 엘리나 사무엘처럼 자식 때문에 힘들어하지 않고, 그들의 아들과 딸이 살아계신 하나님의 자녀가 되는 것을 보게 하여주소서. 또한, 저희의 하인과 이웃과 친척들이 모두 예수님께 나아오도록 기도합니다. 오 하나님, 무한한 자비를 베푸셔서 그들을 구원해주소서!

이 시간 주님의 말씀에 따라 모든 왕과 권력자들을 위해 기도합니다. 그들이 나라를 평안하게 다스릴 수 있도록 인도해주소서. 다른 모든 민족을 위해서도 기도합니다. 어둠 속에 있는 나라를 기억하시고 그들에게 빛이 비치게 하여주소서. 그들을 위한 선교 사역이 풍성한 열매를 맺게 하여주소서. 그리고 하나님을 아는 나라, 특히 이 나라 및 대서양 건너편에 저희와 같은 언어를 사용하는 나라와 항상 함께하여주시고 풍성한 축복을 내려주소서. 오 주님, 주께서 이 민족을 택하시고 지면에 널리 퍼지게 하셨으며 두 개의 큰 나라를 이루게 하셨습니다. 주님, 저희 민족과 다른 모든 민족을 축복하셔서 아브라함에게 〈내가 너를 축복할 것이니 너는 복이 되리라〉라고 하신 약속이 성취되게 하여주소서.

아버지, 주님의 독생자를 영화롭게 하여주소서! 그리스도의 보혈을 통해 많은 사람이 용서받게 하여주소서. 성령님을 보내주셔서 사람들이 자신의 죄를 깨닫고 그리스도의 발 앞에 엎드리게 하여주소서. 성도들에게 은혜와 은사를 풍성히 더해주시고 그들이 그리스도의 형상을 더욱 닮게 하여주소서. 택하신 백성을 하나로 모으시고 속히 그리스도의 나라가 임하게 하여주소서. 아버지의 독생자를 영화롭게 하시어 그로 하여금 아버지께 영광 돌리게 하여주소서. 아버지와 아들과 성령께 영원토록 영광이 있을 것입니다. 아멘.

예수님이 사랑한 제자

베드로가 돌아서서 예수님이 사랑하는 제자가 따라오는 것을 보았으니, 그는 만찬에서 예수님의 품에 기대어 〈주님, 배신할 자가 누구입니까?〉라고 물었던 자다. (요 21:20)

하늘에 계신 우리 아버지, 주님은 저희의 이해력을 무한히 뛰어넘는 분인데도 자신을 낮추어 저희 곁으로 내려오셨습니다. 이 아침에 저희는 마음을 다해 〈주님은 모든 것을 아시니, 제가 주님을 사랑하는 것도 아십니다〉라고 고백합니다.

오 주님, 주님은 완전하며 선하심과 인자하심이 충만하여 저희는 주님을 사랑하지 않을 수 없습니다. 주님께서 저희를 사랑하셨는데 저희가 주님을 사랑하지 않을 수 있겠습니까? 특별히 이 아침에 저희는 주님의 독생자께 마음을 기울이기 원합니다. 그리스도는 저희의 형제이며 뼈 중의 뼈와 살 중의 살이고 저희를 불쌍히 여기셔서 대신 죽으시고 부활하신 분입니다. 그리스도를 바라볼 때 저희의 마음은 사랑으로 녹아내리는 듯합니다. 저희는 예수님의 소유이며, 예수님은 저희의 소유이십니다. 예수님은 저희를 위해 자기를 내어주셨을 뿐 아니라 저희에게 그분 자신을 주셨습니다. 그러므로 저희도 주님께 저희 자신을 내어드리길 원합니다. 이제 저희는 자신의 것이 아니라 주님의 소유입니다. 예수 그리스도의 권세 아래 다른 모든 것을 내려놓고 주님 안에 거할 때 저희는 진정한 자신을 발견할 수 있습니다.

이 시간 주님을 더욱 사랑하는 마음을 주시길 기도합니다. 입으로는 주님을 사랑한다고 하지만, 주님께서 저희를 사랑하시는 것에 비하면 주님을 향한 저희의 사랑은 너무도 미약하고 차갑습니다. 저희에게 보이신 주님의 사랑으로 인해 이 아침에 주님을 찬양하기 원합니다. 주님은 세상의 기초가 놓이기도 전에 저희를 사랑하셨습니다. 주님은 저희로 하여금 독생자의 형상을 닮도록 예정하시고 영원한 사랑으로 사랑하셨습니다. 주님의 사랑과 인자하심 덕분에 저희는 주님께 나아가게 되었습니다.

주님은 모닥불에서 꺼낸 장작처럼 저희를 부패한 세상과 자기 의에서 끄집어내셨고, 그리하여 저희는 예수님께 나아가게 되었습니다. 저희를 세상과 구별된 자가 되게 하여주소서. 주님, 이 아침에 주님께 더욱 가까이 나아가길 원합니다. 지금까지 헌신한 것으로 만족하지 않고 더 높은 곳에 도달하게 하여주소서. 지금보다 더욱 완전히 주님께 성별되며 그리스도의 형상을 닮고 성령님의 인치심을 받게 하여주소서.

아버지, 주님의 사랑으로 인해 저희 마음이 기쁨으로 충만합니다. 저희의 무거운 마음을 주님의 사랑으로 가볍게 하여주소서. 하나님의 사랑을 받는 자에게 걱정할 것이 무엇이 있겠습니까? 요나단이 꿀을 찍어 먹은 막대기처럼, 주님이 휘두르는 막대기조차 저희에게는 유익이 되지 않겠습니까? 주님께서 〈내가 사랑하는 만큼 꾸짖고 책망한다〉라고 하셨으니 저희가 주님의 꾸짖음과 책망을 들을 때 저희를 향한 주님의 사랑을 느끼며 기뻐하지 않겠습니까?

주님의 자녀 중에 가난하거나 몸이 아프거나 사랑하는 사람을 잃은 자가 있다면 그들의 눈물을 닦아주소서. 저희 인생의 항해 중에 있는 모든 암초를 주님의 영원한 사랑으로 덮어주셔서 저희가 좌초하지 않도록 도와주소서. 저희에게 위로와 함께 다시 일어날 새 힘을 허락해주소서. 저희는 비록 약하지만, 저희가 약할 때 주님 안에서 강해진다는 사실을 믿습니다. 주님의 자녀 중에 어떤 이들은 자신이 약하기 때문에 주님도 약하다고 생각합니다. 또는, 자기가 은혜받지 못한 자라고 여기기도 합니다. 그들로 하여금 자신의 옛 피조물이 죽을 때 비로소 생명의 하나님을 발견할 수 있다는 사실을 깨닫게 하여주소서. 저희의 세속적이고 미약한 영혼이 내주하시는 성령님의 능력에 굴복하게 하여주소서. 저희에게 죄와 육신의 정욕과 이생의 자랑과 안목의 정욕을 이길 힘을 주소서. 비록 저희는 이 사망의 몸을 입고 괴로워하나, 그럼에도 우리 주 예수 그리스도를 통해 저희에게 승리를 주시는 하나님께 감사합니다. (고전 15:57) 주님의 자녀들이 주 안에서 승리하여 기쁨을 누리도록 도와주소서.

주님의 사랑이 저희를 통해 다른 사람에게 널리 전해지게 하여주시고, 저희로 하여금 주님을 더욱 열정적으로 사랑하며 형제들에게 유익을 주는 자가 되게 하여주소서. 오 주님, 저희가 자기만을 위해 살지 않고 잃은 양을 찾는 일에 열심을 내게 하여주소서. 방황하는 자를 발견하고 인도할 수 있도록 지혜를 주소서.

주님, 마음에 슬픔이 가득한 자에게 말씀을 잘 전할 수 있도록 도와주소서. 주님의 말씀이 화살처럼 그의 양심을 찔러 예수님의 향유가 그의 상처를 치유하게 하여주소서. 항상 복음을 전할 준비를 하여 온통 검게 물든 영혼도 그리스도의 보혈로 눈처럼 희게 씻겨질 수 있다는 사실을 증거하게 하소서.

주님, 실족한 주님의 자녀들을 위해 저희를 사용해주소서. 주님께서 베드로에게 〈네가 회개한 후에는 네 형제를 굳세게 하라〉(눅 22:32)라고 하신 것처럼 저희도 그렇게 하도록 하여주소서. 오 주님, 저희로 하여금 실족한 자들에게 도움이 되게 하여주소서. 후방에 뒤처진 자들을 도와 그리스도의 군대가 승리를 향해 진격하는 일을 멈추지 않게 하여주소서.

주님께 구해야 할 것이 너무도 많지만 주님께서 저희에게 필요한 모든 것을 이미 아시는 줄 믿습니다. 주님의 지혜에 따라 저희에게 스스로도 깨닫지 못한 꼭 필요한 것을 주셔서 주님의 백성을 위로하고 풍족하게 하여주소서. 이 교회를 축복하여 모두가 한마음이 되어 앞으로 나아가도록 도와주소서. 저희가 운

영하는 고아원도 돌보아주셔서 그들이 모두 주님의 자녀가 되게 하여주소서. 고아원의 여자아이들을 위한 새 건물을 지을 수 있도록 도와주시고, 모든 필요한 것을 부족함 없도록 채워주소서. 저희 교회에서 훈련받은 청년들을 축복하시고 그들이 대학이나 사회에서 복음을 전할 때 주님께서 각 사람마다 함께 하여주소서. 여러 집을 방문하며 복음을 전하는 자와 소외된 자들에게 말씀을 전하는 자를 도우셔서 저희 교회가 풍성한 열매를 맺는 곳이 되게 하여주시고, 저희 모두가 주님의 영광을 위해 쓰임 받는 자가 되게 하여주소서.

다른 모든 교회도 주님께서 기억해주시고 저희보다 더 많은 축복을 내려주소서. 이 나라와 멀리 아메리카와 다른 지역에 있는 모든 예수 그리스도의 교회가 부흥하여 새롭게 되게 하여주소서. 그리고 저희와 다른 언어를 사용하는 이교도들도 기억하셔서 그들에게 은혜를 베풀어주소서. 전쟁과 술취함과 잔혹함과 미신과 압제가 모두 그치는 날이 속히 오게 하여주소서. 주님이 오셔서 의로 통치하실 날이 속히 임하게 하여주소서. 주님이 오시는 것을 생각만 해도 저희 심령은 소망으로 뜨겁게 타오릅니다. 주 예수님, 속히 오셔서 온 땅이 주님의 영광으로 가득하게 하여주소서! 아멘.

값없이 주신 은혜

이제 우리 주 예수 그리스도와 우리를 사랑하시고 은혜로 영원한 위로와 선한 소망을 주시는 하나님 우리 아버지께서 너희 마음을 위로하고 너희를 모든 선한 말과 행실에 굳세게 하여주시길 원한다. (살후 2:16~17)

은혜로우신 주 하나님, 저희가 주님께서 계신 것을 온전히 믿으며 주님의 무한한 사랑 안에서 기뻐합니다. 처음으로 하나님을 알게 된 날이 저희에게 얼마나 소중한지 모릅니다. 그날에 저희는 가장 좋은 친구이시며 저희의 길과 생명을 쥐고 계신 주님을 알지 못하고 지냈던 나날을 후회하며 슬피 울었습니다. 저희가 주님을 알게 된 것은 순전히 주님의 은혜 덕분입니다. 저희를 그대로 내버려 두셨다면 지금까지도 저희는 어둠 가운데 헤매고 있었을 것입니다. 하지만 은혜의 하나님께서 친히 자신을 저희에게 나타내셨고 사망 가운데 있는 저희에게 생명을 주셨으며 눈먼 저희에게 빛을 비추어 주님을 볼 수 있게 해주셨습니다. 그러므로 이제 주님은 저희의 기쁨이시며 저희에게는 오직 주님밖에 없습니다. 주 하나님, 주님은 저희에게 모든 피조물이 죽는 것을 목격하게 하시며 세상의 것이 얼마나 헛된지 보여주셨습니다. 저희가 인생의 헛됨 속에서 불안해합니다. 모든 것이 그저 그림자에 불과하지만, 오직 주님은 영원하십니다. 저희의 닻을 주님께 던져 단단히 고정되게 하여주소서. 다른 모든 것은 그저 모래 늪과 같을 뿐입니다. 그런 것에서는 도저히 소망을 찾을 수 없습니다. 오직 주님만이 저희의 소망이며 구원이며 기쁨입니다. 이 아침에 저희가 〈내 영혼이 오직 하나님만을 기다리니, 이는 나의 소망이 그분에게서 나오기 때문이다〉(시 62:5)라고 부르짖으며 주님께 헌신하길 원합니다.

이 시간 무한한 은혜로 이 모임 가운데 임하여주소서. 저희가 완전히 용서받았음을 느끼게 하여주소서. 아버지이신 주님과 자녀인 저희 사이의 완전한 교제를 방해하는 것이 조금도 없게 하여주소서. 주님께서 예수 그리스도로 인해 저희를 용서하신 사실을 깨닫게 하여주소서. 저희 안에 주님의 성령을 근심케 하는 것이 있다면 즉시 제거하여 저희가 하나님의 자녀란 것을 주님의 영이 증거하게 하여주소서. 저희에게 양자의 영을 주소서. 저희가 주님의 소유라면 저희로 하여금 아버지의 사랑과 임재를 체험하게 하여주소서.

주님, 저희를 주님의 지혜와 섭리에 따라 인도하여주소서. 저희로 하여금 모든 악하고 거짓된 길에서 벗어나게 하소서. 저희 안에 스스로 속이는 것을 모두 제거해주소서. 자신을 높이는 위선과 스스로 안다고 생각하는 교만을 모두 버리고 오직 진리 안에서 그리스도를 알게 하소서. 저희 삶으로 하나님의 진리를 깊이 체험하게 하여주소서. 구세주시여, 주님의 백성이 겪는 모든 시험과 고난을 아시오니, 저희 각자의 필요에 맞게 특별하게 다루어주옵소서. 위대한 의사이신 주님께서 저희의 증상에 따라 가장 적합한 수술을 집행해주소서.

저희 중에는 낙심하여 위로가 필요한 사람이 많습니다. 이 아침에 주님의 사랑과 인자하심을 베풀어주시며, 저희를 어두운 그늘에서 영원한 빛으로 옮겨주소서. 주님의 사랑의 빛이 저희를 밝게 비추어 저희 얼굴이 모세처럼 환하게 빛나게 하여주소서. 저희로 하여금 하나님과 더욱 깊이 교제하게 하여주시고, 사탄과 불신과 육신과 세상을 부인하며 피조물에서는 얻을 수 없는 거룩하고 형언할 수 없는 영광스러운 기쁨, 곧 하나님의 변함 없고 영원한 사랑의 우물에서 나오는 마르지 않는 기쁨을 누리게 하여주소서. 이 시간 주님의 모든 자녀가 이 기쁨을 맛보게 하여주소서.

저희가 전심으로 구하오니, 아직 주님에게서 멀리 떨어진 남은 주의 자녀들이 모두 모이게 하여주소서. 방황하는 탕자에게 자비를 베풀어주소서. 돌아온 탕자를 따스한 사랑으로 받아주소서. 그들의 마음을 바꾸어 그들로 하여금 아버지를 사랑하게 하여주소서. 옳은 길에서 벗어나 방황하는 모든 자를 위해 기도합니다. 지금 이 모임 가운데도 아직 구원받지 못한 자들이 있사오니 그들이 자기 죄에서 죽도록 내버려 두지 말아주소서. 불경건한 삶에서 벗어나지 못한 형제들에게 은혜를 베풀어주소서. 그들이 자신의 죄를 깨닫고 구원을 받게 하여주소서. 주님, 그리스도를 알지 못하고 자신의 죄를 깨닫지 못한 자들을 불쌍히 여겨주소서. 주님의 놀라운 사랑으로 그들을 불러모아 주소서.

이 교회를 나날이 부흥시켜주셔서 감사합니다. 최근에 구세주를 만난 많은 자의 간증을 통해 저희의 영혼을 새롭게 하여주소서. 말씀이 땅에 떨어지지 않고 날마다 교회에 구원받은 자의 수를 늘려주시는 성령님께 감사드립니다. 주님, 이 은혜가 계속되게 하여주소서. 형제자매가 계속해서 기도에 더욱 힘쓰게 하여주소서. 이 제단의 불을 꺼지지 않게 하여주시고, 비록 저희는 아무런 자격이 없지만 지금까지 저희가 받았던 축복을 계속해서 누리게 하여주소서. 주님, 저희의 말과 행실이 항상 거룩하게 하여주소서.

저희가 하는 사역이 번성하게 하여주시고, 저희가 배출한 청년들이 말씀을 전할 때 주님께서 함께하여주소서. 화살통에 화살이 가득한 자가 복된 것처럼(시 127:5), 이 교회도 그리스도를 전하는 자들로 가득하게 하소서. 복음의 영으로 충만한 청년이 더욱 많이 교회로 모이게 하여주시고, 잠잠히 앉아있던 자들이 거리로 나가 그리스도의 풍성한 복음을 선포하게 하여주소서.

주님, 저희 교회의 주일학교에 대한 열정을 회복시켜주소서. 그리스도를 위해 아이들을 가르치는 일에 헌신하는 자가 더욱 많아지게 하여주소서. 베드로에게 하신 것처럼 그들에게도 〈내

양을 먹이라〉라고 말씀해주소서. 이 섬과 대륙뿐 아니라 아메리카와 오스트레일리아에 있는 형제들과 함께하여주시고 세계 모든 곳의 교회를 부흥시켜주소서. 예수 그리스도의 나라가 모든 나라에 퍼지게 하여주소서. 위대하신 하나님, 주님의 나라가 속히 임하게 하여주소서. 그리스도께서 오시는 것이 저희에게는 두려운 일이 아니라 오히려 기쁨이 됩니다. 오 주님, 지체하지 마옵소서! 또한, 저희로 하여금 항상 깨어서 주님이 오실 때까지 준비하게 하소서. 아버지, 저희 모두를 축복해주소서. 저희의 중재자 되시는 예수님의 이름으로 기도합니다. 아멘.

저녁 기도

믿음이 없이는 하나님을 기쁘시게 할 수 없으니, 하나님께 나아가는 자는 그분이 계신 것과 하나님은 자신을 찾는 자에게 상 주시는 분이심을 믿어야 한다. (히 11:6)

아버지, 저희의 믿음은 주님 안에 있으며, 저희의 기대는 주님에게서 나오며, 저희의 사랑은 주님을 향합니다. 저희는 주님을 믿으며 주님의 거룩한 계시의 말씀을 모두 영원히 변치 않는 진리로 믿습니다. 때로는 하나님의 약속이 정말로 저희를 위한 것인지, 저희가 정말로 약속된 축복을 받을 수 있는지 의심될 때도 있지만, 저희가 시험에 빠져 하나님에게서 멀어지려

할 때마다 주님은 저희를 붙들어주셨습니다. 주님의 모든 자녀가 약속된 유업을 받게 하여주소서. 의심과 두려움과 조급함을 버리고 온전히 믿게 하여주소서. 하나님의 약속을 있는 그대로 신뢰하게 하소서! 저희로 하여금 이적과 증표를 구하는 것이 아니라 오직 주님의 말씀을 붙들고 진리를 확신하게 하여주소서. 무엇보다 예수님께서 저희의 죗값을 온전히 치르셨다는 사실을 믿게 하여주소서. 우리를 지혜롭고 의롭고 거룩하게 하고 구속하신 하나님은 저희의 모든 구원과 소망이십니다.

오 그리스도시여, 주님은 저희가 바라는 모든 것이며,
주 안에서 저희는 바라는 것보다 더 많이 얻습니다.

저희로 하여금 절대로 하나님의 독생자를 의심하지 않게 하여주소서. 아버지의 사랑을 결코 의심하지 않게 하여주소서. 성령님의 사랑을 결코 의심하지 않게 하여주소서. 다만 저희를 속죄하신 예수 그리스도를 통해 하나님 안에서 기쁨을 누리게 하여주소서. 저희로 하여금 평강의 항구에 닻을 내려 다시는 의심하거나 머뭇거리지 않고 하나님을 〈나의 아버지〉라고 부를 수 있게 하여주소서. 저희 모두가 그리스도를 믿는 것에 그치지 않고 현재와 장래의 일을 못 박힌 그리스도의 손에 전부 맡기게 하여주소서. 주님의 자녀들이 자신의 믿음을 행동으로 옮겨 모든 걱정 근심을 버리고 주님께 가까이 나아오게 하여주소서. 저희를 위해 대신 수고하며 땀을 흘리시는 주님께 모든 것을 맡기고 평안을 누리게 하여주소서.

오 주 하나님, 심판과 관련된 말씀을 읽을 때 어떤 이는 심히 두려워 떨지만, 저희는 모든 일이 하나님의 주권 아래 벌어진다는 사실을 믿고 안심할 수 있습니다. 주님은 선하고 인자하고 공의롭고 거룩하며 결코 실수가 없으신 분입니다. 주님은 저희가 지켜야 할 모든 법의 원천이십니다. 저희가 〈사람아, 네가 누구이기에 하나님께 반박하느냐?〉(롬 9:20)라는 우레 같은 말씀을 들으며 겸손하고 낮은 심령으로 주님의 무한한 영광 앞에 엎드려 기쁨으로 이렇게 찬양합니다.

여호와께서 다스리시니, 땅은 기뻐하고 섬의 무리는 즐거워하라. (시 97:1)

주님, 저희 모든 것을 드려 주님의 주권에 복종하길 원합니다. 주님께서 원하시는 대로 저희에게 이루어주소서. 저희가 혹시라도 주님의 섭리에 불만을 품는다면 저희의 악한 불신의 마음에서 그것을 제거해주소서. 저희가 드리는 기도마다 〈제 뜻대로가 아니라 아버지 뜻대로 하옵소서〉라는 말로 끝내게 하여주소서. 날마다 〈주님의 나라가 임하고, 주님의 뜻이 하늘에서 이루어지듯이 땅에서도 이루어질 것입니다〉라고 기도하게 하여주소서. 주님께서 〈너는 잠잠하며 내가 하나님인 줄 알라〉라고 말씀하셨듯이 저희 마음에 불평과 불만이 올라올 때마다 〈주님께서 그것을 하셨다〉라는 사실을 깨닫고 아론이 그랬던 것처럼 평안하게 하여주소서. 낙담할 일이 있더라도 저희는 〈주신 자도 여호와시며, 취하신 자도 여호와시니, 여호와의 이름을 찬양할 것입니다. 설령 주께서 저를 죽이시더라도 저는 주님을 신뢰할 것입니다. 이는 여호와께서 이스라엘, 곧 마음이 청결한 자에게 선하시기 때문입니다〉라고 고백할 것입니다.

아버지, 저희가 모든 일에 아버지의 뜻에 따르길 원합니다. 저희의 영과 혼과 육을 거룩하게 하소서. 저희 마음을 우슬초로 정결케 하여주소서. 주님, 무거운 짐을 짊어진 주님의 자녀들을 도와주소서. 주님께서 그들에게 짐을 허락하셨다면 그것을 견딜 힘도 함께 주시고, 그래도 부족하다면 주님의 영원한 팔로 그들의 짐을 들어주소서. 최근에 육신의 질병으로 숨을 거둔 자들을 주께서 기억해주소서. 과부와 고아를 항상 돌보아주소서. 육체적으로 정신적으로 재정적으로 힘들어하는 자들을 불쌍히 여겨주시고, 부자들의 마음을 움직여 그들에게 자선을 베풀게 하여주소서.

또한, 고난에 처하지 않은 자들은 거룩한 두려움 가운데 기뻐하게 하여주소서. 번영의 독소로부터 저희를 지켜주시고 저희가 누리는 안락이 하나님에게서 온 것이 아니라면 언제라도 주님을 바라보며 정신을 차리게 하여주소서. 저희를 주님의 영원한 나라로 안전하게 인도해주소서. 저희는 가는 길이 힘하든 편하든 상관없이 오직 사랑하는 주님의 얼굴만 바라보며 따라갈 것입니다. 저희는 그저 먹을 음식과 입을 옷만 있어도 아버지 집에 평안히 이르는 것만으로 자족하며 주님의 뜻을 따를 것입니다.

아버지, 주님을 알지 못하는 자들을 불쌍히 여겨주소서. 저희가 불경건한 자들을 바라볼 때 바울과 같은 마음을 품게 하여주소서. 특히, 믿는 집안에서 태어나 어렸을 때부터 경건한 부모 밑에서 복음을 들었지만 아직 회심하지 않은 자들을 위해 기도합니다. 그들을 구원해주소서! 사랑하는 아버지, 저희가 전심으로 기도하오니 저희의 자녀들이 하나님의 자녀가 되게 하여주시고, 저희와 관련된 모든 이들이 그리스도의 가족이 되게 하여주소서. 주님은 〈이 약속은 너희와 너희 자녀에게 하신 것이다〉라고 말씀하는데 그치지 않으시고 〈먼 데 있는 자, 곧 주 우리 하나님께서 부르시는 모든 이들에게 하신 것이다〉라고 말씀하셨습니다. 주님, 먼 데 있는 자들을 불러모아주소서. 타락한 자들을 불쌍히 여겨주소서.

오 하나님, 이교도의 땅과 교황이 지배하는 나라와 마호메트의 영향 아래 있는 자들에게 자비를 베풀어주소서. 모든 사람에게 주님의 빛을 비추어 구원받은 자의 수를 채워 그들로 하여금 하나님의 은혜와 영광을 찬양하게 하소서. 아버지와 아들과 성령께 창세부터 지금과 앞으로 영원토록 영광이 있을 것입니다. 아멘.

하나님의 사랑

사랑이 여기 있으니, 우리가 하나님을 사랑한 것이 아니라 하나님께서 우리를 사랑하셔서 우리 죄를 위한 속죄 제물로 자신의 독생자를 보내주신 것이다. (요일 4:10)

영광스러운 하나님, 저희로 하여금 주님을 알게 하여주셔서 감사와 찬양을 드립니다. 한때 저희는 창조주를 알지 못한 채 주님이 만드신 세상에서 살았던 적이 있습니다. 주님의 섭리 가운데 살면서도 하나님을 모르던 때가 있었습니다. 마치 대낮에 거리를 거니는 장님과 같던 시절이 있었습니다. 주변에서 다양한 소리를 들어도 영적인 소리에는 귀머거리와 같았습니다. 그런 식으로 수년간을 살아왔습니다. 지금 주님 앞에 나와 있는 이 자리에도 여전히 그렇게 살아가는 사람이 있습니다. 그들은 하나님을 알지 못하며 주님의 길을 알고 싶은 마음도 없습니다. 많은 것을 보고 이해하지만, 자기 삶과 존재의 근본인 하나님을 알려고 하지는 않습니다. 그러므로 주님께서 무한한 사랑과 주권으로 저희를 돌아보시고 은혜로 불러 주신 그 날이 저희에게는 가장 행복한 날이었습니다. 그때 저희의 죽었던 심장이 다시 뛰고 멀었던 눈에 빛이 들어오며 저희는 주님의 품으로 돌아왔습니다. 하나님께서 계시며 저희의 부르짖음에 귀 기울이신다는 사실을 깨달은 것은 저희에게 인생 최대의 발견이었습니다. 하지만 주님, 저희 마음이 주님에 대한 적대심으로 가득 차 있고 저희 죄로 주님의 성령을 근심케 하였다는 사실을 처음으로 깨달았을 당시에 저희는 매우 큰 괴로움을 느꼈습니다. 주님은 죄를 미워하시며 〈죄지은 영혼은 반드시 죽을 것이다〉라고 천둥소리처럼 말씀하셨습니다. 주님의 은혜로 주님의 공의로우심을 깨달았을 때 저희는 두려워 떨며 엎드릴 수밖에 없었습니다. 저희가 지옥에 던져지는 것이 너무도 당연한 일로 여겨졌습니다. 오 하나님, 저희가 주님 발 앞에 엎드렸던 기억이 지금도 생생합니다. 마음을 칼로 베는 것처럼 큰 고통을 겪고 있던 저희에게 주님은 친히 찾아오셔서 주님의 사랑을 가르쳐주셨습니다. 사랑의 옷을 입은 주님의 모습을 보이셨던 그날이 저희에게는 얼마나 소중한지 모릅니다! 저희를 살리시기 위해 예수님께서 대신 십자가에 달려 죽으신 것을 보았을 때 저희는 주님의 사랑을 분명히 깨달을 수 있었습니다. 예수님의 위대한 대속 사역을 믿음으로 저희는 평안을 누리게 되었습니다. 저희가 무슨 말을 하겠습니까? 이제 결코 빼앗기지 않을 평안으로 인해 저희 영혼은 기쁨의 찬송을 부릅니다.

그로부터 많은 세월이 흐르고 많은 것이 변했지만 저희를 붙드신 그리스도의 손과 그리스도를 붙든 저희의 손은 영원히 변하지 않을 것입니다. 그리고 저희가 받은 은혜에 감격하며 주님은 죄를 용서하시는 하나님이란 사실을 많은 사람에게 전하길 원합니다. 주님은 악인 중의 악인을 품으시고 주님께 나아오는 자를 내치지 않으시며 예수 그리스도를 통해 그들의 모든 죄악을 용서하십니다. 주님은 신성모독자나 술주정뱅이의 진홍 같은 죄도 눈과 같이 희게 씻겨주십니다. 오 주님, 때로는 저희도 천사들처럼 노래할 수 있으면 좋겠다는 생각을 합니다. 그렇다면 지금보다 주님을 더욱 잘 찬양할 수 있을 것이기 때문입니다. 비록 저희가 지닌 것은 인간의 목소리뿐이지만, 그것으로도 저희는 주님의 값없이 베푸신 은혜와 죽기까지 사랑하신 사랑을 영원히 찬양할 것입니다.

주님, 이 백성을 축복해주소서. 오 주님, 멀리 떨어져 있는 저희의 친구들을 축복해주소서. 주님의 이름을 두려워하는 자들이 오늘 밤 설교를 듣고 주님 안에서 행복을 찾게 하여주소서. 주님의 소유된 자들이 기쁘고 즐거운 시기를 맞이하게 하여주소서. 그들로 하여금 하나님의 사랑을 만끽하며 넘치는 기쁨을 누리게 하소서. 특별히 오늘 밤 믿지 않는 자의 영혼을 구원해주시길 기도합니다. 어둠 속에 있는 자들을 눈부신 빛으로 인도하시고, 속박된 자들이 그리스도 안에서 자유를 누리게 하여주소서.

주님, 이곳에는 저희를 통해 주님에 관해서 듣기는 했지만 주님을 직접 만나지 못한 자들이 많습니다. 오늘 밤 그들의 손을 붙잡아주소서. 주님께서 친히 능력으로 임하여주소서. 또한, 이곳에는 아직 복음에 대해 잘 모르는 자들도 있습니다. 그들이 복음의 소리를 듣고 영혼이 풍성해지게 하여주소서. 그들에게 오늘 밤 그리스도께 나아와 생명을 얻으라고 명령해주소서. 그들을 사랑의 끈으로 묶어 주님께로 끌어당겨주소서. 오늘 밤

많은 청년과 장년이 주님께 나아와 복음의 능력이 승리를 거두게 하여주소서. 이곳에 있는 모든 사람이 구원받기를 기도합니다. 주님, 저희의 모든 기도를 들어주소서. 그리스도의 이름으로 기도합니다. 아멘.

출판사 소개

프리스브러리는 Pristine(오염되지 않은)과 Library(도서관)의 합성어로 종교개혁가와 청교도 같은 신앙 선배들이 남긴 믿음의 유산을 보존하고 널리 알리기 위해 설립되었습니다.

한국은 미국 다음으로 많은 신앙 도서가 출간되는 기독교 강국이지만 아직 국내에 소개되지 않은 주옥같은 책이 너무도 많습니다. 또한, 이미 출판되었다고 해도 번역이 난해해서 읽기 어렵거나 판매량이 저조해 절판된 책도 적지 않습니다.

프리스브러리는 엄선된 기독교 고전 작가의 저서 중에서 한 번도 국내에 출판되지 않았거나 절판되어 구하기 힘든 책을 재번역해 〈디지털 소량 출판〉과 〈전자책〉을 통해 비록 판매량이 적더라도 절판되지 않고 언제든 쉽게 찾아볼 수 있게 하고 있습니다.

아울러 장래에는 국내 뿐 아니라 일본, 중국, 동남아 등 다양한 언어로 번역해 전자책으로 만들어 무료로 배포할 계획을 세우고 있으며, 이를 통해 〈선교 한류〉의 붐이 일어나기를 꿈꾸고 있습니다.

이런 프리스브러리의 비전을 함께 이루고 싶으신 분은 새로운 책이 한 권 나올 때마다 격려하는 차원에서 아래 계좌로 1만원씩 후원해주세요. 후원금은 모두 다음 신간의 번역과 출판 비용으로 사용됩니다.

후원 계좌: 씨티은행 533-50447-264-01 (정시용)